영광스러운 구원,
어떻게 받는가

국립중앙도서관 출판예정도서목록(CIP)

영광스러운 구원, 어떻게 받는가 / 지은이: 존 넬슨 다비 ;
엮은이: 이종수. -- [서울] : 형제들의집, 2016
     p. ;   cm

원표제: How are we saved
원저자명: John Nelson Darby
권말부록: 그리스도의 영광의 복음
영어 원작을 한국어로 번역
ISBN 978-89-93141-80-1 03230 : ₩13000

구원론[救援論]
기독교[基督敎]

231.4-KDC6
234-DDC23   CIP2016006314

영광스러운 구원,
어떻게 받는가

존 넬슨 다비 지음 ㅣ 이종수 엮음

형제들의 집

차 례

엮은이 서문..	6
제 1장. 어떻게 거듭나는가...	11
제 2장. 어떻게 의롭게 되는가...	33
제 3장. 어떻게 하나님이 받으시는 사람이 되는가.............	45
제 4장. 어떻게 평안을 얻는가...	53
제 5장. 어떻게 구원받는가...	93
제 6장. 어떻게 부활 안에 있는 생명을 얻는가..................	114
제 7장. 어떻게 성령을 받는가...	136
제 8장. 어떻게 그리스도와 함께 하늘에 앉는가................	157
제 9장. 어떻게 하나님의 사랑을 아는가..........................	170
제 10장. 어떻게 구원받은 자로서 살아야 하는가...............	182
부록. 그리스도의 영광의 복음 by 윌리암 켈리............	196

하나님의 말씀은 불변의 진리로 우뚝 서있다. 그리스도 예수 안에서 경건하게 살고자 하는 사람은 핍박을 받을 것이다. 좁은 길이 있다. 우리 가운데 "아주 소수의 사람"만이 그 길을 걷고 있다. 우리는 항상 주님의 신임장을 지니고서, 이 길을 걸어가야 한다. 즉 우리는 성령으로 인침을 받았고, 장차 우리는 구름 속으로 휴거되어 공중에서 주를 영접할 것이며, 그리하여 항상 주와 함께 있게 될 것이다. 이 얼마나 복된 소망인가!

- 존 넬슨 다비

엮은이 서문

그리스도의 영광의 광채 속에
영광스러운 구원이 펼쳐진다!

「그리스도인의 양심 선언」(IVP 간)이란 책에서 로날드 사이더는, 미국 기독교 여론 조사 기관인 바나 그룹(The Barna Group)이 내놓은 충격적인 여론 조사 결과를 소개한다. 이러한 조사를 통해서 조지 바나는 "예수 그리스도를 구세주로 받아들였기 때문에 죽은 후에는 천국에 갈 것으로" 굳게 믿고 있으며, 자신을 거듭난 그리스도인으로 진실히 믿고 있는 사람들조차도 이혼율, 혼전 성관계율, 가정내 폭력과 배우자간 신체학대율이 불신자들과 별반 다르지 않다는 결론을 내렸다. 이에 복음주의 신학자 마이클 호튼은 이렇게 한탄한다.

"복음주의 그리스도인들은 세상 사람들과 똑같이 매사에 쾌락을 추구하고 물질주의적이며 자기 중심적이고 성적으로 부정한 생활방식을 가지고 있는 것 같다."

어째서 이런 일이 일어난 걸까?

우리는 구원은 결코 복음에 대한 지적인 동의를 통해서 오는 것이 아님을 알아야 한다. 게다가 구원얻는 믿음은 "도덕적 승격"을 동반하게끔 되어 있다. 따라서 우리 삶에 영적, 도덕적 혁명이 일어나지 않는 믿음은 참 믿음일 수 없다. 오늘날 얼마나 많은 사람들이 하나님을 진실히 믿지만, 그럼에도 구원의 확신을 가지지 못하고 있는가? 우리는 그 진짜 이유를 알아야 한다.

오늘날 사탄은 거짓 복음, 다른 복음, 쉬운 복음을 가지고 영혼들을 노략질하고 있다. 그 결과 교회 다니는 많은 사람들이 "나는 구원받은 것은 확실한데, 진정 거듭난 사람인지는 잘 모르겠다"고 하거나, "구원의 확신은 있는데, 어째서 경건한 삶이 살아지지 않는지 모르겠다"는 하소연을 한다. 어떤 사람은 한 술 더 떠 "왜 굳이 경건한 삶을 살고자 애쓰는가? 앞으로 지을 죄까지 다 용서 받았고, 천국행 티켓까지 받았지 않았는가? 굳이 성화의 삶을 살고자 스트레스 받을 필요없다"며 자신의 무법주의 신앙을 자랑한다. 이 모든 것은 복음에 대한 오해이며, 오늘날 만연되어 있는 반쪽 복음이 만들어낸 결과물이다.

성경적으로 말하자면, 진짜 구원받은 사람은 경건한 삶을 살고 싶은 경건한 열망으로 불타오른다. 거룩한 삶으로 이어지지 않는 구원은 하나님의 인정을 받을 수 없다(히 12:14). 참으로 거듭난 사람일지라도, 성경에서 말하는 구원에 대한 총체적인 이해를 갖고 있지 않다면 오랜 세월 혼돈과 무지의 구름 속에서 신앙생활을 할 수밖에 없다. 그렇다면 어떤 때는 구원받은 것 같고, 또 어떤 때는 구원받지 않은 것 같은 감정의 기복을 따라 갈팡질팡할 수 밖에 없을 것이다. 그래서 우리는 구원 받은 사람들의 상태와 수준의 다양성을 생각해야 한다. 성경이 말하는 구원에 대한 총체적인 이해와 믿음이 없다면, 우리는 결코 영광스러운 구원에 들어갈 수 없다.

사도 베드로는 겨우 얻는 구원(벧전 4:18)과 예수 그리스도의 영원한 나라에 넉넉히 들어가는 구원(벧후 1:11)에 대해 말했고, 사도 바울은 불 가운데서 얻는 부끄러운 구원(고전 3:15)과 영원한 영광과 함께 얻는 영광스러운 구원(딤후 2:10)에 대해 말했다.

우리는 과연 어떤 구원에 들어가고 싶은가? 진정 우리의 소원과 열망은 영광스러운 구원을 받는 것인가?

이 책은 19세기 전세계 복음주의 신학의 기초와 토대를 놓았던 플리머스 형제단의 위대한 신학자요, 영적 설교자요, 복음전도자요, 성경교사였던 존 넬슨 다비가 "성경이 말하는 구원"에 대해서 설교했던 여러 설교들을 엮은 것이다. 이 책의 목차와 순서는 저자가 정한 것이 아니라 엮은이가 주로 바울 신학의 정수와 핵심으로 꼽는 로마서와 에베소서 등의 교리적 순서를 따라 배열했다. 그리고 부록으로는 윌리암 켈리의 복음 설교 가운데 가장 정수로 꼽히는, 그리스도의 영광의 복음이란 제목의 설교를 실었다.

이제 독자께서는 이 책을 한 장 한 장 읽어나가는 동안, 복음을 영광스럽게 하시는 성령님의 역사와 능력을 맛보게 될 것이다. 점차적으로 영광스러운 복음을 가리고 있는 무지의 구름이 제거되고, 영안이 밝게 열리면서 복음 안에 나타난 하나님의 영광이 그대로 마음에 비추는 장엄한 영적 역사를 경험하게 될 것이다. 그렇게 독자들의 영혼과 마음에 일어날 엄청난 복음의 파장을 기대하며 이 책을 내어놓는 바이다.

엮은이 이 종 수

※ 일러두기 : 글이 시작되는 부분에 있는 숫자는, 다비의 글을 편집한 영문 편집자가 독자들을 안내하기 위해서 표시해 둔 것입니다. 원서를 참고하기 원하는 독자들을 위해서 숫자를 표기하였으니, 원서와 대조해서 보는 기쁨을 누리시길 바랍니다.

Chapter 1
어떻게 거듭나는가?
Born Again

요한복음 2장 23-25절을 읽으시오.

121

거듭남은 그리스도와 그리스도의 사역 뿐만 아니라 성령님과 긴밀히 연결되어 있으며, 이 거듭남의 진리는 오늘날 사탄이 분주히 역사함으로써 일으킨 오류에 대한 유일한 안전장치이다. 원수의 술책은 반드시 하나님의 진리를 통해서 분쇄되어야 한다. 이제 영혼을 다시 살리시는 성령의 사역에 대해서 살펴보자. 거듭나는 역사는 이전 하나님께서 이스라엘을 다루어 오신 방식과 사람의 자연적 능력으로 외적인 증거를 받아들이는 것과는 전혀 다르다. 요한복음 2장 23-25절을 읽어보라. 그리하면 우리 영혼을 위해서 하나님의 진리를 붙잡아야 할 필요성을 보게 될 것이다.

그리스도에 대한 신앙을 고백하는 것은 얼마든지 진실할 순 있지만, 생명과는 별개로 일어날 수 있을 뿐만 아니라 겉으로 드러난 열매 조차도 아무것도 아닌 것으로 끝나는 경우가 허다하다. 사람들은 그리스도께서 오시기로 약속된 메시아이실 뿐만 아니라 하나님에게서 오신 분이신 것을 보았으며, 그리스도께서 행하시는 표적들을 제대로 이해했지만, 하나님의 눈에는 그러한 것들이 아무 것도 아닐뿐더러 아무 가치 없는 것으로 판명이 났다. 엄중하게 물어야 할 질문은, "사람 속에 무엇이 있는가?"였다.

그리스도께서 메시아라는 확신이 사람들 가운데 확산되었다. 왜냐하면 그리스도께서 행하시는 표적 때문이었다. 그래서 그들은 그리스도를 자기 식대로 영접할 준비를 하고 있었다. 니고데모는 이렇게 말했다. "우리가(내가 아니라) 당신은 하나님께로서 오신 선생인 줄 아나이다." (요 3:2) 여기서 우리는 인간 마음의 악함은 전혀 계산되지 않은 것을 볼 수 있다. 인간은, 그 행하시는 표적을 통해서 그리스도께서 하나님에게서 온 존재라는 부인할 수 없는 증거를 보았음에도 불구하고, 주 예수님을 대하는 태도를 통해서 자신이 어떠한 존재인가를 그저 드러낼 뿐이었다.

진리를 알지만 진리를 붙잡을 생각이 전혀 없는 사람들만큼 진리를 대적하는 사람들도 없을 것이다. 하나님이 약속하신 땅에 들어가서 그 땅을 정탐하고 온 사람들은 오히려 그 땅을 악평하는 일을 했다. 이처럼 십자가가 주는 시련과 난관을 거치지 않고는, 게다가 그 무한한 유익을 경험해본 일이 없이는 당신은 결코 십자가의 길을 갈 수 없다. 당연히 십자가는 즐거운 경험이 아닐 뿐만 아니라, 즐거움을 주려는 목적으로 주어진 것도 아니다. 나는 그리스도께서 나의 양심에 대한 권리를 가지고 계신 것을 보고 있지만, 나의 본성은 그리스도의 권리를 저항하고자 일어난다. 나는 그리스도께서 첫 번째 자리를 차지하셔야하는 것을 보고 있지만, 다른 것들이 그 자리를 차지하고 있다. 이러한 것은 내가 바라는 것이 아니기 때문이다. 십자가는 우리 본성을 쳐서 죽이고자 계획된 것이다.

주님은 니고데모를 만나주셨고, 네가 거듭나야만 한다 또는 새로이 태어나야 한다고 선언하셨다. 새로이 나는 것(born anew)은 다시 나는 것이나 위로부터 나는 것보다 더 강한 단어이다. 이 단어는 누가복음 1장 3절에서 사용된 "근원부터" 라는 단어와 같은 단어이다. 당신은 인간 본성 속에 사랑스러운 부분이 있음을 발견할 수 있을 것이다. 하지만 인간의 본성은 결코 그리스도를 사랑하는 법이 없다. 그래서 십자가가 필요한 것이다. 새로운 출생(new birth) 또는 거듭남은 전적으로 새로운 것이다. 왜냐하면 "육으로 난 것은 육이기" (요 3:6) 때문이다. 기독교는 육을 전혀 개선시키지 않는다. 사람은 피조물은 사랑하지만, 하나님을 사랑하거나 하나님의 사랑을 믿지 않는다. 피조물은 타락했고, 망가졌다. 마찬가지로 사람도 타락한 상태로 있다. 사람의 의지는 하나님을 멀리 떠나있다. 사람의 지성도 타락했다. 사람의 기질이 온화한 듯 보여도, 자연적으로 하나님을 찾는 사람은 없다. 어쩌면 가장 온화한 성품을 가진 사람이 가장 나중에 하나님께 돌아오는 사람이란 것을 알게 된다. 사람은 전적으로 새롭게 태어날 필요가 있다. 사람은 자신이 날 때부터 가지고 있는 것과는 전혀 별개의 본성을 가져야만 하나님 나라에 들어갈 수 있다. 사람은 자신의 나쁜 자질 뿐만 아니라 좋은 자질을 사용하려든다. 이것은 일반 동물이나, 보다 고등한 동물이나 마찬가지이다. 눈을 떠야 한다. 그래야 새로운 인식과 영적 감각이 열릴 것이며, 이로써 우리는 하나님의 나라를 볼 수 있게 될 것이다.

122

타락 이전에는 거룩도 없고 의(義)도 없었다. 처음 창조된 사람의 상태는 이 두 가지와는 별도의 상태였다. 아담은 무죄상태였지만, 의롭거나 거룩하지 않았다. 하나님 또는 주 예수님에게 무죄상태를 거론하는 것은 우스운 이야기가 될 것이다. 하나님은 거룩하시다. 그래서 나쁜 것을 볼라치면, 그것을 혐오하신다. 그러한 것이 거룩성이다. 이 설명은 다소 부정적이지만, 최선의 설명일 수 있다. 의로운 사람은 정의와 반대되는 것을 쉽게 분별하며, 그것을 미워한다. 무죄 상태에 있는 사람은 스스로 선과 악에 속한 것들을 분별할 순 없었지만, 하나님께 순종하는 것이 자신의 본분이란 것은 확실히 알았다. 아담의 죄는 하나님과 같이 되려는 것이었다. 우리의 선함은 하나님을 닮고자 갈망하는데 있다. 사도 바울은 우리가 하나님을 본받아야 한다고 권하지 않았던가? 우리는 영광과 덕으로써 부르심을 받았으며, 우리 영혼은 항상 우리를 부르신 하나님의 목적은 우리가 하나님의 아들의 형상을 본받는 것임을 잊어서는 안 된다. 우리가 힘써야 하는 한 가지 일은, "뒤에 있는 것은 잊어버리고 앞에 있는 것을 잡으려고" 달려가는 것이다(빌 3:13,14). 아담은 이러한 것을 전혀 몰랐다. 아담의 온전한 도덕적 본성은 우리와는 전적으로 달랐다. 범죄함으로써 아담은 양심을 가지게 되었지만, 그 양심은 타락했다. 왜냐하면 그 양심 자체가 타락한 이후에 가지게 된 것이기 때문이다. 결과적으로 아담은 자신이 그토록 되고 싶었던 그 하나님을 두려워하게 되었다. 그는 무죄성을 상실했기에, 우리 또한 다시는 무죄성을 얻을 수 없게 되었다. 따라서 우리는 둘째 아담을 좇아서 새로이 지으심을 받을 필요가 있다. 게다가 거듭나게 되면 우리는 하나님의 형상을 따라 의와 참 거룩으로 새로이 지으심을 받게 되며, 신의 성품에 참여한 자가 되며, 뿐만 아니라 하나님이 죄를 판단하시는 대로 죄를 판단하는 자가 되고 또 하나님이 사랑하시는 거룩을 사랑하는 자가 될 것이다.

거듭남의 은총을 입게 되면 우리는 하나님을 따라 새로이 지으심을 받게 된다(엡 4:24). 그렇다면 우리는 새 사람을 입은 사람으로서 선과 악을 아는 지식을 가지게 될 뿐만 아니라, 우리 영혼 속에 경이로운 하나님의 방식에 의해서 생명을 가지게 된다.

123
거듭남을 통해서 우리는 하나님이 가지고 계신, 거룩하고 도덕적인 본성을 가지게 된다. 이 본성 속에는 하나님의 의를 기뻐하고 즐거워하는 속성이 있다. 이는 그 거룩하고 도덕적인 본성과 하나님의 의는 사실상 같은 것이기 때문이다. 이 새로운 본성은 하나님에게 속한 것을 양식으로 삼으며, 하나님에게 속한 것을 즐거워하며, 우리 영혼이 사모할 대상이신 그리스도 자신으로 만족한다. 하나님은 그리스도 안에서 우리를 선택하셨는데, 이는 "우리로 사랑 안에서 그 앞에 거룩하고 흠이 없게 하려는" 것이다(엡 1:4). 하나님은 자신의 본성에 속한 형상을 따라 새로이 지으신 우리를 자기 앞에 세우고자 하셨다. 그리스도 안에서 우리는, 하나님이 사람에게 주시길 바라시는 것이 무엇이며, 또 사람에게서 기대하시는 것이 무엇인지를 알 수 있게 되었다. 그리스도는 하나님에게 속한 것이 무엇인지를 우리에게 보여주실 수 있는 완전한 존재이시며, 또한 그리스도는 하나님 앞에서 우리가 어디에 이르러야 하는지를 보여주시는 표준이시다. 이제 우리는 사람에게서 하나님의 형상을 볼 수 있을 뿐만 아니라, 사람이 하나님을 위해서 어떤 존재여야 하는지도 알게 되었다.

이렇게 영혼을 다시 살리는 일을 하시는 성령님은 이중적인 특징을 가지고 있는데, 모두 죽음과 연관이 있다. 무엇보다 우리는 그리스도의 죽으심과 부활을 나의 죽음과 부활로 볼 필요가 있다. 그럴 때 우리 자신도 이미 그리스도와 함께 죽었고, 따라서 우리 자신을 죄에 대하여 죽은 자로 여길 수 있게 된다. 이것이 이루어지면 영적 자유가 온다. 하지만 실제적으로 그리스도의 죽음에 참여하는 것도 있다. 우리 자신을 죽음에 넘기는 것이다. 이것은 어쩌면 우리가 바라지 않는 것일 수 있다. 왜냐하면 이것은 곧 십자가에 연합하는 것이기 때문이다. 우리는 자유는 좋아하지만, 몸의 행실을 죽이는 것(롬 8:13) 또는 땅에 있는 지체를 죽이는 것(골 3:5)은 좋아하지 않는다.

하나님께서 육신과 죄에 내리신 죽음의 선언은 변경될 수 없는 선언이다. 이 죽음이 우리 육신에 적용되면, 엄청난 복을 경험하게 된다. 왜냐하면 육신은 이미 정죄를 받았기 때문이다. 이 죽음의 선언은 새 사람이신 그리스도에게 이루어졌다. 이제부터 우리는 새 사람이신 그리스도의 능력을 좇아서 살아야 한다. 이 점에 있어서 중요한 부분이 있는데, 사람들이 종종 혼동하고 실수하는 부분이다. 즉 우리는 무엇보다 살아나야 하며, 그래야 죽을 수 있다. 다시 말해서 먼저 거듭나야, 그리스도의 죽음에 연합하여 죽을 수 있는 것이다. (요한복음 3장을 경험해야 로마서 7-8장을 경험할 수 있다.) 우선적으로 죽는 것이 아니라 살아나야 하는 것이다. 이처럼 사람들은 생명을 얻기도 전에 죽음에 대해서 말하곤 한다. 하지만 그들은 틀렸다. 죽음이란 생명을 가진 사람에게서만 일어나는 일이다. 이러한 것이 수도승과 그리스도인의 차이점이다. 만일 내가 수도승이라면 우선적으로 생명을 얻고자 하는 대신, 살고 싶은 마음에서 순서상 나 자신을 먼저 죽이고자 힘쓸 것이다. 하지만 그리스도인의 경우엔, 먼저 거듭남을 통해서 하나님에게서 생명을 받은 다음에 죽고자 힘쓸 것이다. 성경은 "사람이 물과 성령으로 나지 아니하면 하나님 나라에 들어갈 수 없느니라"(요 3:5)고 말하고 있다. 게다가 "자기의 뜻을 좇아 진리의 말씀으로 우리를 낳으셨느니라"(약 1:18)고 말한다. 하나님은 우리를 말씀으로 죄인에서 하나님의 자녀로 새로이 태어나게 하신다. "예수께서 그리스도이심을 믿는 자마다 하나님께로서 난 자니."(요일 5:1) "그의 증거를 받는 이는 하나님을 참되시다 하여 인쳤느니라."(요일 3:33) 말씀은 순전한 자에게 빛과 총명을 주는 법이다. 말씀을 통해서 빛이 임하게 되면, 사람 속에 있는 모든 것을 분별할 수 있게 해줄 뿐만 아니라, 하나님에게 속한 것을 기뻐할 수 있게 해준다.

124

"성령으로 난 것은 영이니."(요 3:6) 따라서 예수께서 그리스도이시며, 완전한 구속을 이루신 분으로 믿는 자에게 새로운 본성이 주어진다. 하나님에게서 새로이 태어날 때, 진리의 말씀이 영혼을 성화시키고 또 깨끗하게 해주기 때문이다. "물로 씻어 말씀으로 깨끗하게 하사 거룩하게 하는" 역사가 일어난다(엡 5:26). 그렇지만 이렇게 우리 영혼을 성화시키는 역사는 말씀을 통해서 성령으로 거듭나는 일이 있기 전에는 일어날 수 없다. 어떤 사람들은 물로 나는 것을 물세례나 또는 어머니의 자궁 속에 있는 양수라고 말하기도 하는데, 그것은 전혀 의미가 없다. 하지만 성령으로 난 결과 하나님의 영적인 본성이 주어진다는 것은 엄연한 사실이다. 이렇게 새로이 받은 본성은 본래 사람 속에 있는 본성과는 차원이 다르다.

주님은 우물가에서 사마리아 여인에게 생수를 말씀하셨고, 그녀는 선물로 "영생하도록 솟아나는 생수"를 받았다. 그리고 그 생수는 그녀 자신을 미워하게 만들었다. 생수는 사람 속에 있는 것을 검출해내는 기능을 한다. 따라서 그리스도는 제자들에게 "너희는 내가 일러 준 말로 이미 깨끗하였으니"(요 15:3)라고 말씀하실 수 있으셨다. 새롭고 거룩한 본성을 받게 되면, 나는 그리스도 안에서 하나님을 따라 새로이 지으심을 받은 것이다. 나는 이제 새롭게 된 존재로서 새로운 본성이 기뻐하는 것을 선택하고, 반대로 싫어하는 것을 판단하는 새로운 감각을 가지게 되었다. 이처럼 말씀은 깨끗하게 하는 능력을 가지고 있다. 세례(침례)는 어쩌면 이에 대한 표현이나 예표가 될 수 있다고 본다. 게다가 요한복음 6장에서 "내 살을 먹고 내 피를 마시는 자는"이라고 말씀하신 구절이 주의 만찬을 상징적으로 표현하는 것일 수도 있다. 그렇다고 해서 이것을 예식 제정에 대한 근거로 삼아서는 안된다. 어쨌든 이 각각은 표방하는 실체가 있다. 세례(침례)의 실체는 육체의 더러운 것을 씻어내는 것이 아니라 오직 선한 양심이 "물로만 아니요 물과 피로 임하신"(요일 5:6) 예수 그리스도를 부활시키신 하나님을 향하여 화답하는 것이다. 세례(침례)는 결코 우리 자신을 무슨 인정을 받은 사람으로 보게 해주지 않는다. 두로 왕에 대해서 성경이 말하고 있는 것을 읽어보라(겔 28장). 우리는 결코 우리 자신에 대해 무언가를 기대하거나 자랑스럽게 생각하는 것이 없어야 한다. 오히려 우리 자신 밖에서 우리가 본받아야 할 대상을 구해야 한다. 새로이 지으심을 받은 사람은 마땅히 그리해야 한다. 신의 성품을 받게 되는 순간, 거기엔 그리스도 자신을 기뻐하는 것이 마음에 임하게 된다.

요한복음 5장과 6장을 보면, 이 일은 이중적으로 일어난다. 요한복음 5장 24-25절에 보면, 죽었던 죄인이 다시 살아나는 역사가 있다. 이것은 하나님께서 신의 성품을 주시는 것을 말한다. "죽은 자들이 하나님의 아들의 음성을 들을 때가 오나니 곧 이 때라 듣는 자는 살아나리라."(25절) 죄와 허물로 죽었던 영혼이 하나님의 아들의 음성을 듣고 살아나는 것, 이것이야말로 생생한 거듭남의 역사다. 나는 여기서 믿음이 작용하고 있다고 말하고 싶은 생각이 없다. 죽은 영혼이 어찌 믿음을 행사하리요? 다만 이 구절에서 강조되고 있는 것은 하나님의 다시 살리시는 역사이며, 죽었던 영혼을 다시 살리시는 하나님의 능력에 있다.

요한복음 6장에서 우리는 보다 역동적인 믿음을 요구하는 것을 볼 수 있다. 여기선 믿음의 대상이 제시되어 있다. 따라서 자아는 잊고 그리스도로 점유되는 것, 이것이야말로 역사하는 믿음이며 완전한 형태의 믿음이다. 우리 자신을 죽은 자로 여기라는 말씀은 곧 우리 자신을 그리스도 안에서 이미 죽은 자로 바라보라는 뜻이다. 어떻게 이 일이 가능한가? 그리스도께서 죽음의 자리로 내려가셨기 때문이다. 나는 조금도 주저함이 없이 그리스도께서 나의 부활이시며, 죄와 자아와 율법에서 나를 해방시키기 위하여 죽음의 자리에서 부활하신 분이라고 말할 수 있다. 왜냐하면 그리스도는 십자가에서 고통을 당하셨고, 부활의 능력으로 살아나심으로써 "이전 것은 지나갔으니 보라 새 것" 즉 새로운 피조물이 되게 하셨기 때문이다(고후 5:17). 따라서 하나님은 이제 옛것은 아무것도 인정하지 않으신다. 옛것은 오염되었고 부패했으며, 선한 것이 전혀 없기 때문이다.

125
"보라 새 것이 되었도다"(고후 5:17)는 말씀은 옛 것의 갱신을 의미하지 않는다. "그리스도 안에는 신성의 모든 충만이 육체로 거하신다."(골 2:9) 그리스도는 아버지와 함께 계시던 영생이신 분으로서 이제 우리에게 나타나셨다. 그리스도는 낙원에서 추방당한 아담과 같지 않다! 어찌 하나님과 사람을 연결시킬 수 있을까? "한 알의 밀이 땅에 떨어져 죽지 아니하면 한 알 그대로 있고 죽으면 많은 열매를 맺느니라."(요 12:24) 한쪽엔 사람 의지의 불가불리적인 장벽이 있었고, 다른 쪽엔 죽음의 권세가 있었다. 그러므로 주님은 "나는 받을 세례가 있으니 그 이루기까지 나의 답답함이 어떠하겠느냐?"(눅 12:50)고 말씀하셨다. 하지만 한 알의 밀알처럼 죽으면 많은 열매를 맺을 참이었다. 그리고 "그의 힘의 강력"이 부활 안에 나타났다(엡 1:17). 그리고 그 능력이 교회에 적용된 것을 보게 되며, 다음 장에서 우리는 "너희의 불법들과 죄들로 인해서 죽었던 너희를 살리셨도다"(엡 2:1)라는 구절을 보게 된다. 이 모든 것과 연결되어 있으며 또한 이 모든 것의 토대는 바로 죽었다가 다시 사신 그리스도이시다. 우리는 그리스도와 함께 살리심을 받았다. 둘째 아담이신 그리스도는, 죽음에 처해지기 전까지는 새로운 가족의 머리로서의 자리를 가지고 계시지 않았다. 어째서 그런가? 그 이유는 구속(redemption, 救贖)이 이루어지지 않았기 때문이었다. 뿐만 아니라 하나님의 의(義)의 문제가 해결되지 않았기 때문이었다. 이 두 가지 사안이 이루어지자, 그리스도는 새로운 창조의 머리가 되는데 필요한 모든 자격을 갖추게 되었다. 이제 머리이신 그리스도와 연결되는 역사는 말씀을 통해서 일어난다. 살아 있는 말씀, 성령에 의해서 적용되는 말씀은 곧 능력이며 또한 부활 능력으로 작용함으로써, 우리를 그리스도와 함께 하는 자리에 들어가게 해준다.

그리스도는 니고데모에게, 유대인으로서 충분히 이해할 수 있었던 것에 대해 말씀하셨다. (요한복음 3:1-11과 에스겔 36:24-28을 비교해보라.) 그리스도께서는 "내가 땅의 일을 말하여도 너희가 믿지 아니하거든 하물며 하늘 일을 말하면 어떻게 믿겠느냐?"고 말씀하셨다. 여기서 주님이 말씀하시는 땅의 일은 악하거나 또는 육체에 속한 일이 아니라, 유대인들이 고대하고 있었던 약속된 지상에 속한 복을 의미했다. 말세에 유대인들은 땅을 기업으로 얻기 이전에, 물로 뿌림을 받고 또 성령님에게서 새로운 마음을 받게 될 것이다. 니고데모가 알아야 할 것은 바로 이 예언의 말씀의 성취였던 것이다. 하지만 그 외에도 하늘의 일이 있었고, 그것은 더 나은 것이었다. "바람이 임의로 불고" 있었다(요 3:8). 하나님 은혜의 주권적인 역사가 있었다. 하나님께서는 유대인 뿐만 아니라 이방인 가운데서도 가련한 죄인을 택하심으로써, 하나님이 주고 싶어 하시는 신령한 복을 선물로 주는 일을 하고 계셨다. "하나님이 세상을 이처럼 사랑하사 독생자를 주셨으니"(요 3:16) 이렇게 세상을 사랑하시는 하나님의 사랑은 유대인을 넘어서고 있었다. 이 구절이 "하나님이 이스라엘을 이처럼 사랑하사"라고 말하고 있지 않다는 점에 주목하라.

126

이 모든 일이 이루어지려면, 그리스도를 절대적으로 필요로 했다. 가장 좋은 것은 인자가 들려야만 했던 것이며, 가장 나쁜 것은 하나님께서 독생자를 죽음에 내어주셔야만 했던 것이다. 약속 아래서 사람이 구원을 얻으려면, 율법 또는 본성이 모두 죽음 속으로 들어가야만 했다. 사람에게 속한 것은 그것이 무엇이든지, 영혼 구원을 가져다줄 수 없었기 때문이다.

그리스도께서 이루신 일을 통해서 우리는 어디에 들어가는 것인가? 그리스도는 "우리는 아는 것을 말하고 본 것을 증언하노라"(요 3:11)고 말씀하셨다. 여기에 하나님의 이중적인 계시가 있다. 그리스도께서는 여기서 신성한 위격을 가지시고 또한 하나님의 영광을 직접 보신 분으로서 말씀하셨다. "본래 하나님을 본 사람이 없으되 아버지 품 속에 있는 독생하신 하나님이 나타내셨느니라."(요 1:18) 그리스도는 영원 전부터 아버지와 성령과 함께 계시던 분으로서 신성에 속한 영광을 아셨고 또 보신 분이셨다. 그리스도는 신성의 본질에 참여하신 분으로서 삼위일체의 제2위격이신 아들 하나님이시다. 우리는 그 신성에 대해서 외인이며 또한 타락한 존재에 불과했지만, 이제는 하나님에게서 난 사람, 곧 거듭난 사람이 되었다! 거듭난 사람은 그리스도 안에서 부활 생명을 가지고 있다. 이제 우리는 주와 합하여 한 영이 되었다. 거듭남은 타락하여 쇠패한 육신을 좋은 것으로 새롭게 갱신되는 것이 아니라, 우리를 하나님의 아들 그리스도에게 속한 것들에 참여하는 자가 되게 해주는 것이다.

거듭남은 하나님께로부터 난 자(Born of God)가 되는 것이다

요한복음 1:13, 요한일서 3:9, 4:7, 5:1, 4, 18을 읽으시오.

하나님께로부터 난 사람은 새로운 본성이란 특징을 띠게 된다. 요한복음 3장에서 볼 수 있는 것처럼, 거듭난 사람은 새로운 본성이란 도덕적 특징을 띠게 되는데, 이는 하늘에서 오신 그리스도의 신적인 성품을 새로이 받게 된 결과이다. 땅에 속한 사람은 육으로 난 사람이기에, 이 새로운 성품과는 아무런 연관이 없다. 하늘로서 오셨을 뿐만 아니라 항상 하늘에 계신 인자이셨기에, 그리스도께서는 절대적인 확신을 가지고, 사람이 반드시 거듭나야만 한다고 말씀하셨다. 사람이 거듭난 이후에라야, 항상 하늘에 계실 수 있으셨던 인자 속에 있는 것을 받을 수 있기 때문이었다. 하지만 그리스도와 함께 다시 살아나는 것 또는 부활하는 것은, 비록 생명의 측면에선 동일하지만, 더 큰 의미가 있다. 왜냐하면 그리스도와 함께 부활했다는 것은 사람의 지위를 바꾸어주며, 옛 것, 즉 옛 사람의 죽음을 전제로 하고 있기 때문이다. 그렇다면 그리스도와 함께 다시 살아났다는 것은 단순히 새로운 생명을 받았다는 의미가 아니라, 사실은 영적 해방을 의미한다. 영적 해방은 우리 영혼의 총체적인 상태를 변화시켜 주기 때문이다. 이것은 진정 구원이 무엇인지를 계시해준다. 엄밀하게 말하자면 구원은 미래적인 것이기에, 장차 올 것을 준비하는 것이다. 왜냐하면 구속이 이미 이루어졌기 때문이다. 따라서 우리는 구속을 받은 자로서, 구속이 우리를 이끌어가는 자리와 자격에 이미 들어 왔고 또 참여하는 자가 되었다. 구속을 이루신 우리 구주 예수님은 부활하셨고, 우리는 그 안에 있다. 하지만 우리는 그 실제적인 구원이 이루어질 날을 기다리고 있다. 그때 우리의 몸은 변화를 입을 것이며, 육체의 부활이 이루어질 것이다. "우리가 다 잠 잘 것이 아니요…마지막 나팔에 순식간에 홀연히 다 변화되리니 나팔 소리가 나매 죽은 자들이 썩지 아니할 것으로 다시 살아나고 우리도 변화되리라 이 썩을 것이 반드시 썩지 아니할 것을 입

겠고 이 죽을 것이 죽지 아니함을 입을" 것이기 때문이다(고전 15:51-53). 이는 우리가 육체 안에 있는 자로서의 모든 조건과 상태로부터 완전히 해방을 받는 것, 곧 우리 몸의 구속이 이루어지는 것을 의미한다. 우리는 육체 안에 있지만, 또한 성령 안에 있다. 게다가 "우리 생명이 그리스도와 함께 하나님 안에 감추어" 있다(골 3:3). 우리는 우리 몸에도 구원이 실제적으로 이루질 날을 기다리고 있다.

에베소서를 보면, 우리는 "사랑 안에서 하나님 앞에 거룩하고 흠이 없이" 신의 성품과 임재를 가지고 있으며, 단지 거듭난 정도가 아니라 그리스도와 함께 살리심을 받았고, 함께 다시 살아났으며, 옛 사람을 벗어버렸고 또 새 사람을 입은 자가 된 것을 볼 수 있다. 우리는 그리스도와 함께 일으킴을 받았으며, 새로 지으심을 받았다. 그리스도께서는 세상에 계실 때 거듭남과 그 결과 새로이 받게 될 새로운 본성을 말씀하셨는데, 이는 공생애를 사시는 동안 오직 그리스도 안에만 생명이 있었고 또 새로운 본성 안에 계셨지만, 사실 그때에는 아직 구속의 역사가 이루어지기 전이었다. 그러므로 그리스도께서는 "내가 땅의 일을 말하여도 너희가 믿지 아니하거든 하물며 하늘의 일을 말하면 어떻게 믿겠느냐?"(요 3:12)고 말씀하실 수밖에 없었고, 이후에 십자가로 나아가셨다. 따라서 이때 그리스도는 "거듭나야 한다"고 말씀하실 순 있었지만, "너희 자신을 죽은 자로 여기라"고 말씀하실 순 없었다. 하지만 이제 우리는 그리스도께서 죽으셨고 다시 부활하셨음을 토대로 해서, "나는 그리스도와 함께 십자가에 못 박혔으며, 나는 죽었고 또 나의 생명은 그리스도와 함께 하나님 안에 감추어 있다"고 말할 수 있게 되었다. 우리는 죽었다가 다시 살아난 방식으로 생명을 받았으며, 따라서 우리의 자리는 부활하신 그리스도 안에 있다. 이제 우리는 "죄에 대하여 죽었으며", "세상에 대하여 십자가에 못 박혔고", "율법에 대하여 죽었다." 앞의 두 가지는 사탄의 지배 아래 꽉 붙잡힌 채 그 안에서 움직이고 행동해야만 했던 본성과 영역의 문제로서, 죽음을 통해서 이 두 가지 문제가 해결되었다. 그리고 마지막은 율법의 문제로서, 율법은 결코 그 권세가 상실되는 것은 아니지만, 마찬가지로 죽음을 통해서 해결되는데 이는 죽은 자에겐 율법이 적용되지 않기 때문이다. 이제 우리는 육신 안에 있지 않다. 따라서 하나님께로부터 나는 것, 즉 거듭남만 알 뿐이라면, 우리는 로마서 7장 상태에 들어가게 된다. 거듭난 사람에겐 새로운 본성이 속에서 작용하긴 하지만, 옛 사람의 실체가 폭로되고 또 우리의 연약함이 처절히 드러나는 과정을 밟게 된다.

반면 완전한 구속을 알게 될 때, 즉 그리스도께서 우리의 모든 죄들(sins)을 대속하셨을 뿐만 아니라, 우리도 함께 십자가에 못 박힘으로써 우리 속에 있는 죄(sin)와 육신과 율법에서 해방시켜 주신 영적 해방을 알게 될 때, 우리는 죄와 육신과 율법에서 해방을 받게 되고 영적 자유를 누리게 된다. 다시 말해서 에베소서 1장 13절에서 말하고 있는 진리의 말씀 곧 우리 구원의 복음을 받을 때, 그때에야 비로소 성령으로 인침을 받게 된다. 에베소서 1장 시작 부분에 보면, 우리는 "사랑 안에서 거룩하고 흠이 없게" 되었는데, 이것은 하나님 앞에서 된 일이다. 그리고 1장 끝부분에 보면, 그 동일한 능력이 그리스도 안에서 우리에게 역사하여 우리를 다시 살리신 것을 볼 수 있다. 성령님은 구속의 역사가 우리를 넣어준 자리에서 우리를 인치셨고, 이제는 구원받은 자로서 구원을 나 자신의 영적 자산으로 인식하는 자가 되게 해주신다. 성령님께서 기업의 보증이시다. 게다가 우리는 성령님을 "양자의 영"으로 소유하고 있다.

거듭남은 신의 성품에 참여하는 자(Partaker of the Divine Nature)가 되는 것이다

"이로써 그 보배롭고 지극히 큰 약속을 우리에게 주사 이 약속으로 말미암아 너희로 정욕을 인하여 세상에서 썩어질 것을 피하여 신의 성품에 참여하는 자가 되게 하려 하셨으니"(벧후 1:4)

204
우리는 피조물이기에 신성(Godhead)에 참여한다는 것은 불가능한 일이다. 게다가 신성은 지존하신 하나님 속에 내재되어 있는 본성이기에 줄 수도 받을 수도 없다. 그래서 나는 로마 가톨릭이나 기타 다른 교파에서 주장하는 하나님과의 합일의 개념을 받아들일 수 없다. 하지만 하나님은 하나님 자신에게 속한 도덕적 요소들을 그리스도 안에 있는 생명을 통해서 우리에게 전달하실 수 있다는 것은 가능하다고 믿는다.

본성이란 천사, 사람, 소와 같은 존재들 속에 내재되어 있는 특성 또는 특질을 가리키는데, 각 피조물을 바로 그 피조물이 되게 해주는 속성을 의미한다. 베드로후서 1장 4절은 이 점을 설명하는데 있어서 단순하지도 선명하지도 않은 성경구절이다. 왜냐하면 이 구절은 도덕적인 측면, 특별히 그리스도인의 특징이 무엇인지만을 제시하고 있을 뿐이기 때문이다. 내가 그렇게 생각하는 이유는, 이 구절은 지극히 크고 보배로운 약속, 즉 요한복음 3장에서 물로 나는 것(born of water)을 언급하는 것으로 보이기 때문이다. 그리고 이 물은 우리를 깨끗하게 하는 것으로 작용한다. "너희는 내가 일러 준 말로 이미 깨끗하였으니."(요 15:3) 따라서 이렇게 정결하게 되는 것과 생명을 주는 것은 따로 떨어져 있지 않다. 이 구절은 우리에게 생명의 약속과 이 세상 썩어질 것을 피할 수 있게 해주는 능력을 가져다주는 내적 정결을 함께 언급하고 있다.

이러한 거듭남의 진리에 대해서, 심지어 로마 가톨릭과 아르미니안과 대부분 복음주의자들은 거듭남이 말씀을 가지고 사람을 도덕적으로 깨끗하게 해주는 성령의 역사임을 인정했다. 반면 웨슬리안은 거듭남을 다시 얻는 것(regained)이라고까지 말하긴 했지만, 다만 깨끗하게 해주는 것 이상, 더 나아가지 않았다. 웨슬리안은 사람은 타락 이전 몸, 혼, 영을 가지고 있었고, 타락 이후 부패해진 몸, 혼, 영을 가지게 되었다고 했다. 그리고 사람이 거듭날 때, 부패가 제거되며, 따라서 부패가 전적으로 제거되었기 사람은 처음처럼 다시 완전하게 된다고 가르쳤다. 완전의 문제를 거론하지 않을지라도, 대부분 이러한 견해는 흠이 있다. 주님은 생명을 주는 영이시다. 하나님은 생명을 주는 사역을 성령을 통해서 하신다. 그래서 성경은 "성령으로 난 것은 영이니"(요 3:6)라고 말씀하신다. 성령으로 난 것은 영(born of the Spirit is spirit)이라고 할 때, 성령으로 난 결과가 성령(the Spirit)이 아닌 것에 주목하라. 성령님은 하나님이시다. 거듭나는 것은 육으로 난 사람이 여전히 육을 가진 채, 성령의 권능에 의해서 그 영혼이 다시 살리심을 받는 것이다. 아담에게서 자연적으로 생명을 받은 것처럼, 이제 나는 그리스도에게서 영적으로 생명을 받았다. 그렇다면 이제 그리스도께서 나의 생명이시다. 그리스도는 영생이시며(요일 1장), "하나님의 아들이 있는 자에게는 생명이 있다."(요일 5:12) 나는 더 이상 육신에 속한 자가 아니다. 그리스도께서 내 안에 살아계신다.

사도 요한은 거듭남을 다소 추상적으로 말하는 경향이 있지만, 그의 정의에 따르면, 거듭난 사람은 죄를 지을 수 없다. 왜냐하면 그가 하나님께로서 났기 때문이다. "하나님께로서 난 자마다 죄를 짓지 아니하나니 이는 하나님의 씨가 그의 속에 거함이요 저도 범죄치 못하는 것은 하나님께로서 났음이라."(요일 3:9) 우리가 가지고 있는 이 생명은 그리스도의 부활 능력 안에 있다. 이 생명은 그리스도의 사역 덕분에 우리에게 주신 성령에 의해서 움직이고 활동한다. 하나님께서 아담에게 숨을 불어넣으셨던 것처럼, 그리스도께서는 부활하신 이후에 제자들에게 숨을 불어넣으셨다. 이러한 역사에 대해서 사도 바울은 "그리스도 예수 안에 있는 생명의 성령의 법이 죄와 사망의 법에서 나를 해방하였음이라"(롬 8:2)고 말하고 있다. 이 사실과 연결되어 등장하는 위대한 부속적인 진리는 그리스도의 죽으심에 터 잡고 있다. 따라서 나는 하나님 앞에서 육신에 대하여 죽은 자로 믿으며(골 3:3), 나의 자아도 죽은 것으로 여기고(롬 6:10,11), 항상 예수의 죽음을 나의 몸에 짊어진다(고후 4:10,11). 그럴 때에만 그리스도의 생명이 나에게서 나타나게 될 것이다.

"이는 너희가 죽었고 너희 생명이 그리스도와 함께 하나님 안에 감취었음이니라."(골 3:3)
"그의 죽으심은 죄에 대하여 단번에 죽으심이요 그의 살으심은 하나님께 대하여 살으심이니 이와 같이 너희도 너희 자신을 죄에 대하여는 죽은 자요 그리스도 예수 안에서 하나님을 대하여는 산 자로 여길지어다."(롬 6:10,11)
"우리가 항상 예수 죽인 것을 몸에 짊어짐은 예수의 생명도 우리 몸에 나타나게 하려 함이라 우리 산 자가 항상 예수를 위하여 죽음에 넘기움은 예수의 생명이 또한 우리 죽을 육체에 나타나게 하려 함이니라."(고후 4:10,11)

이것은 나의 영혼이 붙잡아야 할 핵심적인 요소이다. 죽으셨다가 부활하심으로써 완전한 구속을 이루신 그리스도를 영접하면 성령의 능력에 의해서 생명을 받게 되며, 이로써 그리스도 예수 안에서 새로이 지으심을 받게 된다. 그럼에도 육신은 여전히 우리 속에 있다. 하지만 나는 육신에 있지 않고 영에 있을 수 있다. 왜냐하면 나는 내가 죽은 자라는 진리를 붙들 수 있는 특권을 가지고 있기 때문이다. 물론 이 일은 말씀에 의해서, 그리고 말씀에 따라서 실제적으로 깨끗해지는 역사를 동반해서 일어난다. 물론 이것을 생리학적으로 설명할 수 없을지 모르지만, 성경 말씀과 완전한 조화를 이룬다. 성령 안에 있는 성도는 하나님과 함께 영원토록 살 것이다. "성령으로 난 것은 영이니."(요 3:6) 이 말은 거듭난 사람은 자신을 거듭나게 하신 성령의 본성에 참여한다는 뜻이다. 이처럼 거듭남을 통해서 새롭게 부여받는 본성은 거룩하고, 하나님과 하나님의 자녀를 사랑하고, 또한 그리스도 안에 있는 사람으로서 순종한다. 다른 말로 하자면, 그리스도의 생명 속에 있는 본성을 재생산한 것이기 때문이다. "만일 그리스도께서 너희 안에 계시면 몸은 죄로 인하여 죽은 것이나 영은 의를 인하여 생명이니라."(롬 8:10) 이는 야생 나무에 새로운 것을 접붙이기를 한 것과 같다.

205

구약성경에 나타난 사실을 모형이나 상징으로 사용하게 되면, 우리의 거룩한 상상력은 제한을 받을 수밖에 없으며, 교리로서 주장할 수도 없게 된다. 하지만 이 부분을 우리 지성에 합법화시켜주는 구절이 있다. 고린도전서 10장 11절이다. "저희에게 당한 이런 일이 거울이 되고 또한 말세를 만난 우리의 경계로 기록하였느니라."(고전 10:11) 여기 "경계"란 말은 모형 또는 상징이란 뜻이다. 이로써 우리는 구약 성경을 통해서 교훈을 얻을 수 있는 하나의 원칙을 얻게 되었다. 이제 우리는 성령님을 의지하고 또 성령의 지도하심을 따라서 구약성경에 나타난 사실들을 분별력을 갖추고 합당하게 사용할 수 있다.

"신의 성품에 참여하는 자"에서 참여한다는 단어는 코이노니아가 사용되었다. 참여한다는 의미를 가진 단어에는 코이노니아와 메테코스가 있는데, 이 둘 사이의 차이점을 확인하는 것이 필요하다. 이것은 그리스어로 기록된 신약성경에서 사용하고 있는 두 단어의 차이점을 통해서 확인해볼 수 있다. 누가복음 5장에서 사용된 코이노노이란 단어는 실제적으론 파트너의 개념이다. 그리고 메테코이는 파트너로 참여하고 있는 사실을 의미한다. 이 두 가지 개념을 통해서 신의 성품에 참여했다고 하는 의미를 생각해보라.

새로운 본성은, 베드로후서 1장 4절 속에 내포되어 있는 힘을 느낄 때, 도덕적인 의미를 담고 있음이 분명해진다. 거룩, 사랑과 같은 신성한 것들 속에는 도덕성이 내포되어 있지만, 이 신의 성품(본성) 속에는 단순한 도덕성 그 이상의 효력을 담고 있다. 왜냐하면 그리스도께서 우리를 위하여 생명을 주는 영이시기 때문이다. 육으로 난 사람 속에 육적인 본성이 있는 것과 같이, 성령으로 난 사람 속에는 신적인 본성이 있는 것이다.

206
독자들이 바라는 대로, 질문에 대한 명쾌한 해답이 되었는지 잘 모르겠다. 진정 믿고자 하는 마음도 없이 그저 질문하는 사람들의 호기심을 충족시키려는 노력을 쏟고 싶은 마음은 없다. 다만 독자들이 직접 본문을 묵상해보면, 생명을 주는 (또는 영혼을 다시 살리시는) 성령께서 친히 역사하실 것이며, 우리 생명이신 그리스도께서 일하실 것이다. 나의 마음엔 그것이 매우 중요하다고 본다. 로마서 8장 2,3절이 말하고 있는 영적인 실제는, 육신을 죽은 것으로 여김으로써 능력으로 해방이 경험되기 전까지, 그리스도께서 나의 생명이 되신다는 것이 진정 무엇을 의미하는지 알 길이 없을 것이다. 로마서 6장과 7장의 초반부에 설명되어 있는 교훈을 따라서, 해방을 경험할 때만이 로마서 7장에 설명되어 있는 상태를 벗어나, 그리스도께서 나의 생명으로 사시는 삶으로 들어갈 수 있다.

Chapter 2
어떻게 의롭게 되는가?
How should Man be just with God?

욥기 9장을 읽으시오.

14

욥기를 보면 우리는 강하고 올곧기는 하지만 아직 은혜를 경험하지 못한 채 그저 자기-고집(self-will)으로 가득한 영혼들의 본보기가 될 만한 한 인물을 볼 수 있다. 그는 자신을 결코 위선자로 생각해 본 일이 없었고, 다만 자신을 정직한 사람으로만 여겼다. 욥이 그런 사람이었다. 하나님께서 직접 욥에 대해서 그렇게 말씀하셨고 또 욥도 자신을 그렇게 알고 있었다. 하지만 그에겐 자기-의, 자기-만족, 그리고 자기-고집으로 가득했다. 자비하신 하나님은 그러한 욥을 하나님 자신 앞에 서도록 이끌었고, 욥의 교만은 그러한 하나님의 자비를 거역하는 쪽으로 작용했다. 대부분 이 상태에 있는 영혼들에게 작용하는 패턴을 보는 일은 참으로 흥미롭다. 욥은 하나님에 대해서 많은 것들을 옳게 말했고, 하나님께서 자신을 대우하시는 것이 자기 친구들이 자신을 대우하는 것과는 다르다는 것을 알았다. 그는 하나님을 뵙고 싶어 했다. 만일 하나님을 뵐 수만 있다면 하나님은 자신을 공정하게 대우해주시리라고 그는 믿고 있었다. "하나님은 뜻이 일정하시니 누가 능히 그분을 돌이킬 수 있으랴?" (욥 23:13) 하지만 욥은 하나님을 본 적이 없었다. 욥은 신약시대를 사는 우리처럼 개봉된 비밀을 알고 있지 못했다. 그는 자신을 의인으로 일컬었다. 욥이 친구들과 서로 논박했던 문제는 **사람이 하나님 앞에서 어떻게 의로울 수 있는가?** 였다. 이것은 욥기의 주제였고, 욥기는 이 문제로 한 영혼이 사탄과 격렬한 싸움을 벌이는 이야기이다.

욥에겐 생명이 있었고, 그 삶의 행실 속엔 인자함과 올곧음, 즉 정직성이 있었다. 하나님은 사탄에게 "네가 내 종 욥을 주의하여 보았느냐?" (욥 1:8)고 말씀하셨다. 사탄이 먼저 대화를 시작한 것이 아니라, 하나님께서 하셨다. 하나님은 사탄이 무슨 행동을 할 것인지 아셨지만, 사탄은 그렇지 않았다. 이 역사적인 일은 한 영혼이 의롭다고 인정받으려면, 그 근거가 무엇이어야 하는지를 보여준다. 이 일은 율법이 주어지기 전에 일어났다. 만일 약속이 오기 전에 일어난 일이라면, 복음이 주어지기 전에 일어난 일이 된다. 사람은 과연 하나님 앞에서 어떻게 의롭게 되는 것인가? 이것이 바로 욥의 고민거리였다. 욥의 친구들은 이에 대해서 아무런 개념이 없었다. 그들은 다만 하나님의 공의가 작용하고 있는 세상 원리에 따라서 나름대로 이해하고 있었을 뿐이었다.

어떤 사람들은, 이 세상은 그렇지 않지만 다음 세상에서는 의로운 행실이 반드시 보상받을 것이란 나름 합리적인 이론을 제시한다. 만일 다음 세상이 그렇게 좋은 곳이라면, 어째서 지금 세상에선 고통을 당해야 하는 것일까? 중요한 것은 사람의 상태가 그 행실을 좌우한다는 것이다. 그래서 의(義) 외에 또 다른 것이 필요한 것이다. 그것은 바로 은혜이다. 은혜는 죄 문제를 해소시켜준다. 그럼에도 불구하고 은혜는 의(義)문제를 건너뛰거나 우회하지 않는다. 사람들은 대개 이러한 은혜의 역사를 잘 모른다.

욥은 자기 의가 얼마나 가치 없는 것인지 배운 적이 없었고, 게다가 각 영혼이 처해 있는 영적 상태가 무엇인지에 대해서도 하나님에게서 배운 적이 없었다. 욥 뿐만 아니라 욥의 친구들도 하나님의 은혜가 작용하는 방식을 알지 못했다. 다시 말해서 그들은 하나님께서 은혜를 통해서 죄 문제를 어떻게 해소시키시는지 몰랐던 것이다. 욥의 친구들은 상당히 철학적이었고, 또 어느 정도는 진리를 말하고 있었다. 하지만 그들의 말이 과연 상한 심령에게 위로가 되었을까?

16
이제 그리스도 안에 계신 하나님은 의로움이 없는 죄인을 다루신다. 사람이 하나님을 위해서 무엇을 하는 것이 아니라, 하나님이 사람을 위해서 은혜로 일하신다. 왜냐하면 의를 행하는데 무기력한 사람의 상태 때문이다. "내 아버지께서 이제까지 일하시니 나도 일한다."(요 5:17) 그리스도는 안식을 깨뜨리지 않으셨고, 하나님은 그렇게 일하고 계셨다. 이는 사람이 죄와 고통 속에 처해 있었기 때문이다.

욥의 이야기에 나타난 하나님이 일하시는 방식은 율법으로, 약속으로, 또는 그리스도 안에서 나타난 충만한 은혜로 일하시는 것이 아니었다. 다만 한 사람을 선택해서 사탄으로 하여금 그를 고소하도록 한 후에, 하나님이 친히 그를 다루시는 방식을 사용하셨다. 비록 사탄이 욥을 밀 까부르듯 했지만, 한 장인의 손이 모든 것을 조율하고 있었다. 고소하는 자 사탄이 왔을 때, 하나님은 "네가 내 종 욥을 주의하여 보았느냐?"고 물으셨다. 사탄은 고소하는 자였다. 이제 욥은 한 사람 곧 죄인이 하나님에게서 복을 받게 되는 과정을 통과해야만 했다. 그는 이 과정을 통과하면서, 하나님을 알고 또 하나님의 생각과 뜻을 이해할 수 있었다. 사탄은 욥의 소유물에 손을 댈 순 있었지만, 욥에겐 손을 댈 수 없었다. 이제 재앙이 욥에게 임한다. 자녀를 잃고, 재산을 잃는 일이 매일 일어난다. 하나님은 모든 상황 너머에 계시면서, 모든 일을 조율하신다. 욥은 모든 것을 잃어버렸다. 그럼에도 주의 이름을 찬송한다. "이 모든 일에 욥이 범죄하지 아니하고 하나님을 향하여 원망하지 아니하니라." (욥 1:22) 사탄은 "가죽으로 가죽을 바꾸오니 사람이 그의 모든 소유물로 자기의 생명을 바꾸올지라 이제 주의 손을 펴서 그의 뼈와 살을 치소서 그리하시면 틀림없이 주를 향하여 욕하지 않겠나이까?" (욥 2:4,5)라고 말한다. 그러자 하나님은 "내가 그를 네 손에 맡기노라"고 말씀하신다. 그 후 욥의 아내가 와서 "하나님을 욕하고 죽으라" (욥 2:9)고 말한다. 욥은 경건한 신앙으로 이를 거절하고, "이 모든 일에 욥이 입술로 범죄하지"(10절) 않는다. 하지만 하나님은 계속해서 일을 진행하신다. 욥은 성문 앞에 앉았고, 친구들이 찾아온다. 욥은 모든 사람에게 표적같이 되었다. 이 일은 욥이 감당하기엔 너무 벅찼다. 이제 욥은 자신이 태어난 날을 저주한다. 그는 전에 자기 만족에 빠져 있었고, 하나님의 임재 가운데 살지 않았다. 대부분 사람들은 자신이 하나님의 임재 가운데서 배운 일이 없으면서도, 그저 하나님에 대해서 좋은 것들을 자랑삼아 얘기하곤 한다. 우리에게 정말 필요한 것은 하나님 임재 가운데서도 결코 흔들리지 않는 의(義)로움이다. 우리는 반드시 이 의(義)를 획득해야 한다. 이 의를 얻은 사람은 진정 은혜와 진리가 무엇인지를 알 뿐만 아니라, 선한 양심을 가지게 된다.

베드로는 자신이 어떤 사람이 알 필요가 있었다. 하나님의 임재 가운데 들어가게 되면, 우리는 사람 마음 속에 선한 것이 없고, 다만 모든 것이 악할 뿐임을 실제적으로 발견하게 된다. 마음의 깨어짐이 필요하다. 얼마나 많은 사람들이 하나님으로 만족하지 못하고, 거룩을 추구하지도 않고, 오로지 육신의 안락만을 구하고 있는가! 하나님의 엄위하신 임재 가운데서 자기 의지가 깨어지는 것을 경험하기 전까지는, 하나님 앞에서 영혼의 바른 상태란 있을 수 없다. 하나님은 불의를 미워하시고, 정의를 사랑하신다. 하지만 타락한 인간에게 무슨 의로운 것이 있는가?

17
세상은 죄의 원리를 따라 돌아간다. 자신을 속이는 일은 양심이 죄를 인지하면서도 의지가 깨어지지 않았기 때문에 일어난다. 그리스도의 공생애 동안 일어난 일을 생각해보자. 하나님을 의롭다고 하는 사람은 다 그리스도를 영접했다. 하지만 바리새인들은 그리스도께서 세리들과 죄인들과 함께 식사하시는 것을 보고 불평했다. 반면 세리들은 "이것이 바로 내가 원하던 것"이라고 말했다. 하나님을 의롭다고 하는 죄인은 자신의 죄를 인정하고 은혜를 받아들인다. 사람이 이 지점에 이르기 전까지는 결코 하나님을 알 수 없다. "인생이 어찌 하나님 앞에 의로우랴?"(욥 9:2) 사람들은 기꺼이 하나님과 다투고자 한다. 하지만 하나님은 그것이 무슨 소용인가? 라고 말씀하신다. 하나님은 의(義)를 사랑하신다. 하지만 그 사실이 나에게 무슨 의미가 있는가? 어제와 오늘 나는 얼마나 많은 죄를 지었으며, 그리고 내일은 또 얼마나 많은 죄를 지을 것인가? 이 상태로는 하나님 앞에 내세울 만한 것이 도무지 없다.

이제 욥은 다른 경우를 예로 든다. 욥은 엄위하신 하나님께 대답할 말이 없었고, 게다가 하나님의 사랑을 보지도 못하고 있다. "가령 내가 의로울지라도 내 입이 나를 정죄하리니 가령 내가 온전할지라도 나를 정죄하시리라."(욥 9:20) 나 자신을 어찌 의롭다고 할 수 있을까? 이번 주 내내 나는 얼마나 어리석은 말을 많이 했는가? 만일 내가 의롭지 못하다고 할 것 같으면 나는 어찌해야 하는가? 욥의 영혼은 이 문제로 고뇌해야만 했다. 그래서 말하길 "하나님이 온전한 자나 악한 자나 멸망시키신다 하나니 갑자기 재난이 닥쳐 죽을지라도 무죄한 자의 절망도 그가 비웃으시리라"(욥 9:22,23)고 했다. 재난은 대개 사랑하는 가족들에게 임하곤 한다. 그렇다면 나는 모든 것을 하나님께 맡기고, 그저 유유자적하면 되는 것인가? 그는 하나님을 대면해야만 했고, 아무것도 할 수 있는 것이 없었다. 하나님의 손에서 벗어날 수 없었다. 그는 우리와 같지 않은 사람이었다. 욥은 할 수만 있다면 하나님의 임재로부터 도망치고 싶었을 것이다. 하지만 그는 그럴 수 없었다. 그에게 모든 잘못이 있었기에, 그는 하나님에게서 도망칠 수 없었다.

"주께서 나를 개천에 빠지게 하시리니."(욥 9:31) 나는 하나님 앞에서 나 자신을 깨끗하게 할 수 없다. 사람들은 믿기 어려울 정도로 자신의 성품과 행실에 대해서 좋게 생각하는 성향이 있다. 그렇다면 과연 하나님이 보실 때는 어떨까? 분명 회칠한 무덤이요, 그 속에는 죽은 사람들의 뼈로 가득한 무덤으로 보실 것이다. 사람이 선을 행하고자 애쓰면 애쓸수록, 자기 피부색을 조금도 변하게 할 수 없는 에티오피아 사람처럼, 선을 행하는 것이 어렵다는 생각을 하게 될 것이다. 악이 사람의 본성 속에 내재해있기 때문에, 아무리 노력해도 그 악을 제거할 수 없다. 마음이 진실하다면, 분명 양심의 고통과 싸움이 있을 것이다. 의(義)가 진정 무엇인지를 모르는 사람이 성실하다면 그의 성실성은 다른 사람의 마음에 고통을 가할 것이다. 욥은 "그의 위엄이 나를 두렵게 하지 아니하시기를 원하노라"(욥 9:34)고 말했다. 그는 이러한 두려움을 느꼈다. 하나님은 그리스도 안에서 그 두려움을 제거하셨고, 하나님과 우리 사이에 "손을 얹을 판결자"(33절)를 두셨다. 욥이 필요로 하는 것은, 다름 아닌 판결자(daysman)요 중재자였다.

18

죄가 빚어내는 비참한 결과들은 아직 소개되지 않았다. 하나님은 지금 공의를 가지고 심판하는 일이 아니라, 은혜를 가지고 구원하는 일을 하고 계신다. 장차 공의로서 심판하는 날이 오고 있다. 지금 하나님은 영혼들로 하여금 앞으로 더 나은 상태에 들어가도록 구원하는 일을 하고 계신다. 장차 "백 세가 못되어 죽은 죄인은 저주받은 것이리라." (사 65:20) 우리는 그들이 처한 환경으로 사람의 영혼의 상태를 판단할 수 없다. 우리는 실로암 망대가 무너져 치어 죽은 사람들이 예루살렘에 거하는 사람들 보다 죄가 더 있다고 말할 수 없다.

다시 본론으로 돌아와서 생각해보자. 만일 세상이 악한 것이 아니라 나 자신이 악하다는 것을 깨달았다면, 나와 하나님 사이엔 "손을 얹을 판결자"가 필요해진다. 하나님은 내 마음의 모든 악함에도 불구하고 나에게 찾아오신 분이시다. 하나님이 나를 찾아오신 것은 나에겐 아무 의가 없고, 그저 나란 사람이 악하기 때문이다. 이제 나는 내 속에서 일하시고, 사탄을 보내어 묵은 땅을 기경하게 하시고, 그간 나 자신도 몰랐던 내 양심의 본색을 드러내는 일을 하시는 하나님을 볼 수 있다. 하나님은 나를 위하여 이 일을 하고 계신다. 하나님은 죄인에게 하나님 자신의 의(righteousness)를 선언하신다. 이것이 바로 하나님이 우리를 위해서 하고 계시는 일이다.

이제 우선적으로 주목해야 하는 것은, 이러한 나의 상태는 하나님을 나에게서 멀어지게 한 것이 아니라, 오히려 하나님을 나에게로 이끌어주었다는 점이다. 이는 공의가 아니라 은혜이다. 나로 하여금 나의 죄를 보지 못하도록 숨기는 것은 자비일 수 없다. 나로 하여금 하나님이 보시는 그대로의 죄들을 보지 못하게 하는 것은 긍휼이 아니다. 자비는 나 자신을 있는 그대로 받아주고, 죄를 초월해서 나를 대우해주는 것이다. 하나님은 나에게 그러한 자비를 나타내셨다. 그리스도께서는 사람들이 자기 영혼의 필요 때문에 그리스도를 찾아오는 사람들을 거절하신 적이 없으셨다. 위선자들을 향해선 격노하셨지만, 그 심령이 가난한 사람들에겐 "두려워 말라. 나는 네가 필요로 하는 모든 것이다"라고 말씀하셨다. 당신은 "저는 그러한 죄인입니다"라고 말한다. 그리스도는 "그것이 바로 내가 온 이유다"고 말씀하신다. 당신은 "저는 무척 고집이 센 사람입니다"라고 말한다. 그리스도는 "그것이 바로 내가 온 이유다. 내가 너의 의지를 깨뜨릴 것이다"라고 말씀하신다. 바리새인들이 정죄했던 여인에게 주님은 "나는 너를 정죄하지 않노라"고 말씀하셨다.

어쩌면 당신은 그리스도께서 정죄 받은 양심을 향해 두려움을 주는 말씀을 하신 경우도 있다고 주장할지 모른다. 하지만 그리스도는 두려움을 주기 보다는 사실 그 두려움을 제거해주시는 분이시다. 그리스도는 가장 가난한 사람에게 찾아오시고 또 가장 온화한 방법으로 그 필요를 채워주신다. 그것을 경험한 사람은 그리스도를 두려워하지 않게 된다. 은혜가 다스린다. 은혜야말로 하나님만이 베푸실 수 있는 가장 복되고도 주권적인 방식이다.

의(義)에 대한 인간의 생각과 하나님의 생각은 얼마다 다른가?

우리는 무엇이 옳은지 알지만, 그럼에도 일을 바로 잡으려고 애쓰는 대신 그냥 모든 일이 그저 지나가기만을 바란다. 그런 것이 인간이 생각하는 의(義)이다. 하지만 우리가 그리스도 안에서 하나님의 의가 될 수 있는 길이 열렸다.

이제 우리에겐 하나님의 손을 인간에게, 그리고 인간의 손을 하나님에게 얹을 수 있는 판결자가 있다. 그는 하나님과 우리 사이의 화목을 이룰 수 있는 유일한 중보자이시다. 만일 우리가 법정에 서야하는 날이 정해졌다고 생각해보자. 그 판결자는 나의 사건을 맡아 나를 대신해서 법정에 설 것이다. 이처럼 그리스도는 내가 지은 죄들 때문에 오셨을 뿐만 아니라, 나에 대한 모든 책임을 맡아 나를 위하여 변호하기 위해서 오셨다. 그리스도는 그 일을 이루셨다. 내가 지은 죄들에 대한 모든 것을 해결하셨을 뿐만 아니라, 나를 위하여 하나님의 존전 앞에 서서 나를 변호하신다. 그리스도는 우리 사이에 서서 하나님을 위할 뿐만 아니라, 이제는 하나님의 보좌 앞에서 우리를 위하신다. 나는 나 자신을 변호하고자 하는 일체의 행위를 중단하고 모든 것을 그리스도께 맡길 뿐이다. 그러면 그리스도는 그 모든 일을 대신 감당하신다. 과연 하나님은 나를 위한 그리스도의 변호를 받아주시는가? 하나님께서 그리스도를 받으셨다고 말씀하실 때, 여기엔 하나님을 믿는 믿음이 필요하다. 판결자가 행한 일은 이미 받아들여졌다. 우리는 판결자가 있다는 것을 알뿐만 아니라, 그 판결자가 이미 모든 일을 마치고 앉아 있다는 것도 알고 있다. 더 이상 할 일이 없다. "오직 그리스도는 죄를 위하여 한 영원한 제사를 드리시고 하나님 우편에 앉으사 그 후에 자기 원수들을 자기 발등상이 되게 하실 때까지 기다리시나니 그가 거룩하게 된 자들을 한 번의 제사로 영원히 온전하게 하셨느니라."(히 10:12-14) 이제 성령님은 이렇게 증거하신다. "그들의 죄와 그들의 불법을 내가 다시 기억하지 아니하리라."(히 10:17)

19

의(義)는 거기에 있다. 어디에 있는 것인가? 바로 하나님 앞에 있다. 여기서 내가 말하고 있는 의(義)는 의의 열매들로서 의로운 행실이 아니라, 의 자체를 말한다. 하나님의 마음은 그리스도를 받으신 것으로 표현되었다. 하나님은 우리에게 그리스도를 주셨고, 그것은 사랑이다. 하나님은 그리스도의 십자가 사역을 받으셨고, 그것은 의(義)이다. 더 이상 두려움에 떨 필요가 없다. 은혜가 의를 통해서 다스린다. 나는, 그리스도로 말미암아 하나님께 드려진 완전한 의(義)의 공로 덕분에 하나님의 임재 가운데 서있을 수 있게 되었다. 사랑은 어디 있는가? 그리스도인들 가운데 사실상 연약함이 가득하지만, 하나님의 사랑은 결코 약하지 않다. 나는 그리스도 안에서 완전한 사랑을 발견한다. 그리스도는 이 사랑을 나에게 주시려고 나의 마음을 깨뜨리는 일을 하셨다. 왜냐하면 나의 마음은 너무도 강퍅하기 때문이다.

모든 나라 사람들, 즉 스바 사람, 갈대아 사람 등이 욥의 마음을 깨뜨리는데 동원되었다. 하나님은 이 모든 일 가운데 역사하고 계셨다. 나는 이제 복음을 통해서 이 모든 것을 이해하는 열쇠를 가지게 되었다. 자기 고집과 교만, 아집 등. 이 모든 것이 깨어질 필요가 있었다. 하지만 하나님은 완전한 사랑이시다. 하나님은 십자가를 통해서 죄를 제거하는 일을 하셨고, 의(義)를 준비하셨다. 그렇다면 두려워할 것이 무언가? 비록 하나님께서 우리 영혼으로 하여금 선과 악을 알도록 역사하실 것이지만, 이 모든 것은 사랑이다. 이제 나는 환난 중에도 즐거워할 수 있다. 이는 환난은 인내를, 인내는 연단을, 연단은 소망을 이루는 줄 알기 때문이다(롬 5:3,4).

이제 사랑하는 친구들이여, 당신은 판결자이신 그리스도를 의지하는가? 아니면 "만일 나의 손을 조금만 더 깨끗이 할 수 있다면, 나의 양심을 조금만 더 민감하게 할 수 있다면, 나는 모든 일에 의롭게 될 수 있을 텐데…"라고 말하고 있는가? 만일 당신이 하나님의 임재 앞에 서고자 한다면, 그처럼 자기 노력과 자기 의에 속한 것들로는 결코 가능하지 않다는 것을 알아야 한다.

"내가 눈 녹은 물로 몸을 씻고 잿물로 손을 깨끗하게 할지라도 주께서 나를 개천에 빠지게 하시리니 내 옷이라도 나를 싫어하리이다."(욥 9:30,31)

그렇다면 하나님의 임재 앞에 서게 해주는 의(義)란 무엇인가? 그것은 바로 우리의 모든 죄들을 속량하는 그리스도의 피를 믿는 자에게 하나님이 거저 주시는 하나님의 의(義)이다. 그렇게 그리스도의 피의 효력을 믿을 때 하나님의 우편에 계신 그리스도께서 당신의 의(義)가 되어 주실 것이다.

Chapter 3
어떻게 하나님이 받으시는 사람이 되는가?
How the Lord accepted Job

욥기 42장을 읽으시오.

30

우리는 욥의 이야기를 통해서 영혼 속에서 일하시는 하나님의 역사를 볼 수 있다. 한 영혼을 하나님 자신 앞에 세우는 과정을 통해서, 하나님은 사탄과 심지어 하나님의 존전 앞에서도 흔들리지 않는 의(義)로움으로 설 수 있도록 마음을 연단시키시고, 또 영적인 교훈을 배우게 하신다.

"여호와께서 욥을 기쁘게 받으셨더라." (욥 42:9)

이 말은 하나님께서 욥의 행실이나 욥의 행위, 또는 그에게서 나오는 그 무엇을 받으셨다는 의미가 아니다. 하나님은 의롭게 된 욥 자신을 받으셨고, 그것이 바로 우리가 바라는 것이다. 우리 영혼이 실제적으로 하나님이 어떤 분이시며 또한 우리 자신은 어떤 존재인지에 대한 바른 영적인 인식이 생기는 순간, 그때에야 비로소 우리 자신이 하나님이 받으시는 사람이 되는 것이 무엇인지 알고 싶은 열망으로 불타게 된다. 그것을 알기 전까지, 우리는 우리의 행실과 우리의 행위라는 옷으로 치장하기를 멈추지 않을 것이다. 하지만 우리가 하나님의 임재 속으로 실제적으로 들어가게 되면, 우리는 실상은 아무것도 걸치지 않은 벌거벗은 상태임을 깨닫게 되고, 하나님의 호의를 입고 하나님 앞에 서는 것이 무엇인지 비로소 보게 될 것이다.

이렇게 마음의 변화가 일어날 때, 진짜 회심이 일어난다. 우리는 우리 행위가 거룩하지 못하다는 것을 알고 있다. 우리 영혼이 진짜 자신의 실체를 보고 자신에 대한 실망과 심지어 거룩하신 하나님의 임재를 느끼며 두려움에 떨 정도로 각성되었을 때, 우리는 우리 자신이 이처럼 거룩하지 못한 행위들의 원천이란 사실을 보게 된다. 그때에야 비로소 우리는 어째서 우리가 마음으로 하나님을 떠나 있었고 또 영적으로, 그리고 본질상 하나님에게서 멀리 떨어져 있을 수밖에 없는 존재였는지를 배우게 된다. 그렇다면 나는 진심으로 애통하게 된다. 내가 지은 죄들 때문만이 아니라, 나 자신이 그러한 죄들을 지을 수밖에 없는 존재라는 사실 때문에 더욱 영혼의 괴로움을 느끼게 된다. 이것이 내가 처한 현재적 상태이다. 만일 내가 나의 행위들만 바라본다면, 나는 그것들을 심판의 날까지 신경 쓰지 않으면 그뿐이다. 하지만 나란 사람 자체를 생각해보자. 개인적으로 나란 사람이 하나님에게 열납되지 않은 사람이며, 하나님과 아무 상관도 없는 사람이라는 생각이 든다면, 나는 정말 괴로움에 견디지 못할 것이다. 나는 바로 이 순간, 하나님의 호의 가운데 열납되어서, 그 가운데 서있을 수 있는 사람이 되는 방법이 무엇인지 알고 싶을 것이고, 그것을 내 영혼의 최고의 열망으로 삼을 것이다.

성경은 욥의 시련이 끝날 때까지, 하나님이 욥을 받으셨다고 말하지 않는다. 욥이 시련을 통과하는 동안 욥의 친구들이 한 일은 무엇이었을까? 글쎄, 욥은 그들에게 이렇게 말했다. "너희는 다 번뇌케 하는 안위자로구나." (욥 16:2) 그들은 하나님의 성품을 제대로 알고 있지 못했고, 그래서 그들은 하나님께서 한 영혼 속에서 일하시는 방식을 이해할 수 없었다. 그들은 죄성(sin)에 대한 바른 인식도 없었고, 하나님께서 사람에게 복을 주고자 하실 때 그것은 온전히 은혜의 기반 위에서 복을 주신다는 사실도 알지 못했다. 그들은 욥의 경우를 어떻게 이해해야 하는지 도무지 알 수 없었다. 물론 그들이 한 말들 중에는 옳은 것도 더러 있었다. 그럼에도 그들은 욥에게 꼭 필요한 단 한 가지 진실도 말해낼 수가 없었다. 왜냐하면 그들은 욥과 욥이 겪고 있는 시련의 본질을 이해하지 못하고 있었기 때문이다.

욥은 한 번도 하나님의 존전 앞에 서 본적이 없었다. 물론 그의 영혼 속엔 분명한 영적인 역사가 있었고, 그로 인해서 많은 열매도 있었다. 욥기 29장을 보면, 우리는 욥이 하나님이 주시는 복을 잘 아는 가운데 행실을 바로 했으며, 그의 마음 속에선 상당히 풍성한 은혜의 열매를 맺었던 것을 분명히 볼 수 있다. 욥은 자신이 다른 사람들을 위해서 행했던 일로 마음의 위안을 얻었지만, 하나님 앞에선 그리할 수 없었다. 그는 하나님을 인정했으며, 하나님의 손 아래 복종하는 삶을 살았다. 하지만 그럼에도 불구하고 그는 하나님의 존전 앞에 서 본적이 없었고, 결과적으로 자신의 마음을 성찰해 본 적이 없었다. 이것은 열매의 문제가 아니라, 나 자신이 어떤 사람인가의 문제였다. 그래서 하나님은 욥을 다루실 필요가 있었고, 욥이 최고의 전성기를 누리던 그때에도, 욥으로 하여금 하나님 앞에 내세울만한 것이 아무것도 없다는 것을 깨닫게 할 필요가 있었다. 참으로 인내심이 많았던 욥도 자신이 태어난 날을 저주했다. 어째서 그런가? 왜냐하면 우리 자신이 깨어져야 하기 때문이다. 우리가 행한 일들이 얼마나 악한가 뿐만 아니라 **우리 자신이 얼마나 악한 존재인가를 깨달을 필요가 있다.** 그때에야 비로소 하나님은 우리를 자신의 마음에 합한 자로 빚으실 수가 있다. 그렇게 되면 하나님은 우리에게 임하셔서 하나님의 임재 속에서 우리 자신의 눈으로 우리가 어떤 존재인지를, 우리의 실체를 밝히 볼 수 있도록 인도하신다. 그래서 우리가 겉만 죄인이 아니라, 우리의 속까지도 죄인인 것을 보게 하신다. 그래서 하나님은 욥의 입에서 "나는 비천하옵고, 나 자신을 혐오합니다"(욥 40:4, 42:6)라는 고백이 나올 때까지, 하나님의 손으로 주야로 욥을 누르고 계셨다(시 32:4 참조).

31

욥기 23장을 보면, 우리는 욥이 혹독한 시련 가운데서도 하나님을 신뢰하고 또 하나님을 갈망하는 모습을 볼 수 있다. 그는 "내가 어찌하면 하나님 발견할 곳을 알꼬?"(3절)라고 말한다. 그는 결코 하나님을 떠나고 싶은 마음이 조금도 없었다. 그는 심지어 "그 보좌 앞에 나아가서" 하나님을 뵙고 싶을 정도로 하나님을 사모하는 마음으로 가득했다. 욥이 "그 앞에서 호소하며 변백할 말을" 쏟아내고 싶어 했던 것은 사실이다. 하지만 욥기 9장을 보면, 그는 사람이 하나님 앞에서 의로울 수 있는가에 대해 말하면서 "사람이 하나님과 쟁변하려 할지라도 천 마디에 한 마디도 대답하지 못하리라"(3절)는 말을 했다. 그리고 "가령 내가 의로울지라도 내 입이 나를 정죄하리니 가령 내가 순전할지라도 나의 패괴함을 증거하리라"(20절)는 말을 덧붙였다. 여기서 우리는 욥이 하나님의 앞에서 자신이 어떤 존재인지를 생각하고 있는 것을 엿볼 수 있다. 그렇다면 욥에게는 하나님을 피하여 숨고 싶은 위선적인 태도는 없었다는 것을 알 수 있다. 오히려 하나님을 대면해야 한다는 분명한 의식이 있었다. 욥의 마음 속엔, 비록 그의 양심은 하나님에게서 멀리 떠나있었지만 그럼에도 하나님을 알고 싶은 열망이 있었다. 따라서 욥의 친구들 속에 있었던 갈팡지팡하는 진실보다는 욥 속에 있는 고뇌하는 진실이 더 진솔했던 것이다. 왜냐하면 선한 양심이 욥 속엔 작동하고 있었지만, 그들 속엔 작동하고 있지 않았기 때문이다.

부유한 삶을 살며 유유자적하던 때 보다, 오히려 시련 가운데 있는 욥의 마음 속에 더 많은 은혜가 있었다. 사실 그때의 삶은 괴롭고도 힘들었다. 그는 여전히 자기 속에 무엇이 있는 듯이 찾고 있었다. 하지만 하나님께서 우리 마음에 채우고 싶어 하시는 것은 하나님 속에 있는 은혜이기에, 하나님은 우리 영혼이 거기에 도달하기까지 시련에 시련을 더하시며, 우리 속에 아무것도 없다는 것을 깨우치기까지 우리 영혼을 비틀고 짜내시기까지 하신다. 그리하여 마침내 하나님만을 전적으로 의지하는 상태에 이르게 하신다!

32

욥의 죄악성이 마침내 밝히 드러났고, 그는 더 이상 자기 속에 죄가 없다는 말을 할 수 없게 되었다. 그의 마음 속에 감추어있던 죄성이 온전히 실체를 드러내었기에, 그의 양심은 이것을 부정할 수 없게 되었다. 이는 욥에겐 그 자체만으로도 끔찍한 것이었다. 우리는 회심하지 않은 사람에게 그 죄성이 어떻게 작용하는지를 잘 알고 있다. 죄성은 그로 하여금 아무 개념 없이 죄악된 일을 저지르게 만든다. 사람으로 자신이 잃어버린 자라는 생각을 가지게 해보라. 그리하면 그는 자신을 죄악된 일에 방임하게 될 것이다. 사람이 이 사실을 직시하게 되면, 자신에 대한 신뢰가 깨어지게 될 것이다. 자신을 신뢰하는 것을 포기하는 것이 하나라면, 다른 사람을 신뢰하는 것을 포기하는 것이 또 다른 하나이다. 욥이 자신에 대한 신뢰를 버렸을 때, 즉 자신의 인격을 더 이상 신뢰할 수 없는 것으로 판단했을 때, 그래서 자신에 대한 모든 것을 포기했을 때, 그때 하나님께서 등장하셨다.

밀 까부르는 듯한 시련이 끝났을 때, 욥은 하나님의 존전 앞에 나아왔고, 그때 "여호와께서는 욥을 받아주셨다." 하나님의 존전 앞에서 그의 입은 막혀있을 수밖에 없었다. 그는 "나는 미천하오니 무엇이라 주께 대답하리이까 손으로 내 입을 가릴 뿐이로소이다"

(욥 40:4)라고 말할 뿐이었다. 하지만 욥은 더 나아가야 했다. 왜냐하면 하나님께서 그를 자신에게로 가까이 이끄셨기 때문이다. 욥은 자기 속에 선한 것이 없음을 고백해야만 했을 뿐만 아니라, 자기 속에 엄청난 악이 있음을 고백해야만 했다. 그래서 3절을 보면, "내가 스스로 깨달을 수 없는 일을 말하였고 스스로 알 수 없고 헤아리기 어려운 일을 말하였나이다"라고 말했다. 이제부터 핵심은 (우리가 지은 죄들로 인한) 정죄의 문제가 아니라, (우리 속에 있는) 죄성의 문제로 바뀌었다. 우리가 죄인의 자리에 앉아 우리 자신을 성찰해 보게 되면, 이내 정죄의 두려움은 사라진다. "내가 주께 대하여 귀로 듣기만 하였삽더니 이제는 눈으로 주를 뵈옵나이다 그러므로 내가 스스로 한하고 티끌과 재 가운데서 회개하나이다."(욥 42:5,6) 이제 욥은 하나님이 자신을 바라보는 하나님의 시각으로 자신을 보게 되었다. 그는 하나님 앞에 자신을 세우고, 자신을 미워하며, 티끌과 재 가운데서 회개하고 있다. 그렇다면 우리가 진정 회개가 무엇인지를 배우는 자리는 하나님의 임재 속에 들어갔을 때인 것이다. 참되고 진실된 회개는, 우리의 죄성이 온전히 드러나게 되었을 때, (즉 우리 속에 선한 것이 하나도 없고, 우리 속에 악이 함께 하고 있다는 뼈아픈 경험을 통해서) 하나님의 시각으로 우리 자신을 판단하고 또 지금까지 나를 이렇게 인도해 오신 하나님을 의롭다고 선언할 수 있을 때, 그때에야 비로소 일어나게 되는 것이다. 하나님은 이처럼 참되고 진실된 회개를 받으신다.

이제 하나님은 우리를 의롭다고 선언하시며, 우리를 그 사랑하는 자 안에서 받아주신다. 이로써 "여호와께서 욥을 기쁘게 받으셨던"

(욥 42:9) 것처럼 우리도 받아주시는 것이다. 주님이 받아주시는 사람은 복이 있다. 이제 우리 마음에 주님을 간절히 사모하게 해주시길 바란다. 혹 위선자처럼 주의 존전에서 멀리 떠나 있는 상태에서 침묵을 지키고 있지 않게 해주시길 빈다!

Chapter 4
어떻게 평안을 얻는가?
How to get Peace

* 나는 이렇게 대화 형태로 글을 쓰는 것에 약간 어려움을 느낀다. 왜냐하면 지어낸 이야기처럼 보이기 때문이다. 나는 하나님의 진리를 이런 식으로 다루는 것을 좋아하지 않는다. 하지만 여기에 나오는 질문들은 많은 사람들과의 대화 속에서 도출해낸 것이며, 영혼들이 흔히 겪고 있는 어려운 문제들을 좀 더 선명하게 제시하려는 목적에서 이 방식을 채택했음을 알아주길 바란다.

313
Q: 어떻게 하나님과의 화평을 얻을 수 있나요?

하나님께서 이미 "그의 십자가의 피로 화평을 이루셨다."(골 1:20)

Q: 저도 그 사실을 부인하고 싶은 마음이 없습니다. 저 또한

그것을 믿습니다. 하지만 제겐 평안이 없습니다. 어찌해야 화평을 어떻게 얻을 수 있을까요?

성경은 "우리가 믿음으로 의롭다 하심을 받았으니 우리 주 예수 그리스도로 말미암아 하나님과 화평을 누리자"(롬 5:1)고 말한다.

Q: 물론 저도 성경이 그렇게 말하고 있는 것을 알고 있습니다. 그렇지만 제겐 평안이 없습니다. 그 사실을 너무도 잘 알고 있습니다. 저도 평안을 누리고 싶습니다. 가끔 저는 전혀 믿는 사람이 아니라는 생각마저 듭니다. 저는 당신이 행복해 하는 모습을 보고 있습니다. 어떻게 해야 영혼의 행복을 누릴 수 있는 것인가요?

어쨌든 당신은 하나님의 은혜를 확신하는 가운데 하나님과의 화평을 누릴 수 있다는 것을 불가능한 일로 생각하고 있지는 않은 듯하다. 하나님과의 화평이야말로 구원받은 사람의 특권이 아니겠는가?

Q: 언젠가는 하나님과의 화평을 맛볼 수 있을 거라고 생각은 하고 있습니다. 성경에서 그것을 보았고, 또 그렇게 되는 것이 옳다고 생각합니다. 저는 하나님의 호의를 맛보며 기뻐하는 사람들을 더러 보았습니다. 그들 속에 있는 것은 진짜였습니다. 하지만 저는 그것을 어떻게 얻는지 전혀 모르고 있습니다. 다른 그리스도인들처럼 날마다 그럭저럭 지내긴 하지만, 그 사실을 생각할 때마다 저는 마음의 고통을 느낍니다. 하지만 이 질문을 떠올릴 때마

다 제겐 평안도 없고, 제가 과연 하나님의 호의 속에 있는지 의심도 듭니다. 하지만 당신이나 다른 사람들은 하나님과의 화평을 누리는 것을 보면 너무도 부럽습니다. 제겐 너무 중요한 일입니다. 왜냐하면 당신이 말씀한대로, 성경은 "믿음으로 의롭다 하심을 받았다면 하나님과 화평을 가지고 있다"고 말하고 있기 때문입니다. 저도 성경 말씀을 알고 있습니다. 만일 내가 하나님과의 화평을 누리고 있지 못하다면, 의롭다 하심을 받지 못한 것인가요? 그렇다면 제가 어찌해야 의롭다 하심을 받는 것인가요?

당신은 믿음에 의해서 의롭게 된다는 성경적인 지식을 갖고 있지 않은 듯 보인다. 이 말은 당신이 하나님 앞에서 의롭다 함을 받지 않았다는 뜻은 아니다. 다만 양심상 당신의 마음 속에 칭의의 진리를 제대로 이해하고 있지 않은듯 보인다. 종교 개혁자들은 내가 생각하는 것 이상으로 나아가는 성향이 있다. 그들은 대개 만일 사람이 자신의 구원을 확신하고 있지 못하다면, 그는 전혀 의롭다 함을 받지 않은 사람이라는 견해를 가지고 있다. 하나님의 아들을 믿는 사람은 누구나 하나님 앞에서 모든 일에서 의롭게 된 사람이다. 하지만 이 칭의의 진리를 하나님에게서 제대로 가르침을 받기 전까지, 그리스도의 사역이 가진 가치를 제대로 이해하기 전까지, 그는 자기 영혼 속에 자신이 의롭게 되었다는 인식이 없을 수밖에 없다. 게다가 당신처럼 이 일에 진지한 만큼, 당신 속엔 평안은 더욱 찾아볼 수 없게 된다. 그리스도께서 자신을 위해서 죽으셨다는 것뿐만 아니라 자신이 그리스도 안에 있는 자가 되었다는 것이 무엇인지 알기 전까지, 평안을 누리는 삶은 감정기복에 따라 요동칠 뿐이다.

당신이 말한 대로, 그리스도인이 그럭저럭 지내는 것은 공허하고 또 헛된 삶을 살아가는 것이다. 그러한 삶은 영적 파산자의 삶일 뿐 아무것도 아니다. 그런 삶을 사는 그리스도인은 대개 임종의 순간, 자신이 헛된 삶을 살아왔다는 것을 깨닫고 극심한 고통을 느낀다. 그 상태에 있는 그리스도인은 대개 활동과 봉사에 열심을 내지만, 상황은 더욱 악화될 뿐이다. 게다가 열심히 일하는 것, 또는 사역하는 것을 행복을 얻는 수단으로 여긴다. 하지만 성령의 능력으로 일하는 법을 알지 못하는 한, 괴로움은 더욱 커져만 갈 것이다. 성령의 능력은 우리 영혼이 평안을 누리는 상태에서만 나타나기 때문이다.

314

만일 사람이 참으로 진지하고 또 하나님 앞에서 행하는 사람이라면, 그가 하나님과의 화평을 누리기 전까지 그 영혼에 안식이 없을 것이다. 이 일은 더욱 심화되어 갈 것이다. 하지만 하나님은 이미 십자가의 피로 화평을 이루셨다. 이 모든 영혼의 작용은, 묵은 땅을 기경할 때 보이는 잡초처럼, 아무 실효도 거두지 못하고 끝날 수도 있다. 묵은 땅을 기경하는 일은 꼭 필요한 일일 뿐만 아니라 곡식을 수확하는데 절대적인 일이다. 하지만 곡식처럼 생긴 잡초만 거둘 수도 있다. 잡초는 그리스도의 완성된 사역에 대한 믿음을 가진 사람에게서 결코 찾아볼 수 없는 것이다. 그리스도는 "이제 자기를 단번에 제물로 드려 죄를 없이 하시려고 세상 끝에 나타나셨다." (히 9:26) 게다가 그리스도는 "아버지께서 하라고 주신 일을" 다 이루셨다. 그 일은 우리의 죄문제를 해결하는 일이었고, 그 일은 완성되었으며, 하나님께서는 이미 그 일을 받으셨다. 만일 당신이 그리스도를 통해서 하나님께 나아가고자 하는데, 당신이 지은 죄들이 그리스도의 제사를 통해서 모두 제거된 것이 아니라면, 그것도 단번에 영원히 속죄된 것이 아니라면, 당신은 결코 하나님께 나아갈 수 없다. 속죄되지 않은 죄가 조금이라도 남아 있을진대, 어떻게 거룩하시고 엄위하신 하나님께 나아갈 수 있단 말인가? 게다가 과거의 죄만 속죄되었고, 믿은 이후에 짓는 죄는 속죄된 것이 아니라고 할 것 같으면, 마찬가지로 당신은 하나님께 나아갈 수 없다. 왜냐하면 그리스도는 그 죄 때문에 다시 죽으셔야만 하기 때문이다. 하지만 그리스도는 다시 죽으실 수 없다. 왜냐하면 자기를 단번에 제물로 드려 죄를 영원히 없이 하셨기 때문이다. 그렇지 않다면 사도 바울이 히브리서 9장 25-26절에서 말한 대로, 그리스도는 "자주 고난을 받으셔야만" 할 것이다.

Q: 저는 이것을 더욱 명확하게 보고 있습니다. 그리스도께서 십자가에서 자신을 제물로 드리신 속죄제사는 완전하고, 단번에 영원히 이루어진 제사로서, 그 효력은 즉시 발휘되며, 그 효력은 영원한 것입니다.

그렇다면 평안을 얻기 위해 당신이 해야 할 일은 무엇인가?

Q: 글쎄, 정확하게 보는 것이 아닐까요?

당신의 영적 상태나 방해요소가 무엇인지를 다루기 전에, 무엇보다 우리가 보아야 하고 또 선명하게 알아야 하는 것은 우리로 하여금 평안을 얻게 해주는 토대가 되는 것은 십자가 사역이라는 점이다. 누가 이 사역을 이루었는가?

Q: 물론 그리스도이지요.

그 일을 완성하는데 당신이 기여한 바가 있는가?

Q: 아뇨. 없습니다.

당신이 지은 죄들의 경우를 보면 당연히 없다. 그렇다면 당신 영혼의 상태와 연관해서는 어떠한가? 당신 영혼은 경건하거나 경건하지 않거나 둘 중 하나이다.

Q: 글쎄요. 꼭 경건해야만 하는 건가요?

그렇다. 성경은 "거룩함을 따르라 이것이 없이는 아무도 주를 보지 못하리라"고 말하고 있다(히 12:14). 당신은 자기-의라는 본능을 가지고, 너무나 쉽게 그리스도의 사역을 떠나 자신의 거룩성으로 돌아갈 수가 있다. 그렇다면 지금 당신의 상태는 어떠한가? 인간에게는 자신을 아무것도 아닌 것으로 만들어버리는 것을 예리하게 파악하는 능력이 있고, 또 자신을 자랑하고 싶은 본능이 특출하다는 사실은 매우 흥미롭다. 하여간 거룩을 향한 당신의 열망은 새 사람이 되었다는 증거다. 거룩에 대해 무관심했던 당신에게 그리스도의 사역은 평안을 이야기하기 전에 당신의 양심을 일깨울 것이다. 오히려 거짓된 평안을 깨뜨리는 것으로 작용한다. 이제부터 진지한 영혼이 어떻게 평안을 찾을 수 있는지 살펴보자.

Q: 그렇습니다. 참으로 슬픈 일이지만 저는 거룩에 대해서 아무런 관심이 없는 제 자신을 발견합니다. 그것이 저를 괴롭힙니다. 게다가 제 마음 속엔 평안이 없습니다. 평안을 얻을 수만 있다면 무엇이라도 내놓을 수 있을 것 같습니다.

그처럼 거룩을 향한 무관심이 평안을 찾는 일을 지연시킨다는 사실에 조금의 의심도 없다. 하지만 무엇보다 우리가 어떤 존재인지에 대해서 겸손하게 배울 필요가 있다. 많은 사람들이 그저 몇 푼의 돈을 버는 데에는 혈안이 되어 있지만, 신령한 복을 받는 데에는 별 관심이 없다. 이것이 우리의 영적인 상태이다. 하지만 다시 본론으로 돌아와서, 나는 진지하게 묻고 싶다. 당신은 과연 그리스도의 십자가 사역을 (당신이 지은 죄들(sins)에 적용할 뿐만 아니라) 당신의 경건치 않음에도 적용하고 있는가?

315
Q: 물론이죠. 저의 경건치 않음에 적용하고 있습니다.

확실히 그리해야 한다. 혹 당신에게 거룩의 열매가 있다 해도, 결코 당신의 거룩성이나 영적으로 개선된 상태를 의지해서는 안된다. 평안을 얻고자 당신은 무엇을 바라보고 있는가? 혹 당신 영혼이 나름 개선되었다는 느끼는 상태가 아닌가?

Q: 그런 것 같습니다.

그렇다면 당신은 잘못된 길에 들어선 것이다. 왜냐하면 그리스도께서 "그의 십자가의 피로 화평을" 이루신 것을 당신의 경건치 않음에 적용해야 하기 때문이다. 평안을 얻고자 하는 당신의 열망은 옳지만, 사람들이 흔히 말하듯, 당신은 말 앞에 마차를 두고 있는 격이다. 즉 당신은 거룩을 얻으려면 먼저 그리스도를 주로 삼아야 하는데, 거꾸로 그리스도를 얻고자 거룩을 추구하고 있다.

Q: 하지만 저는 거룩을 얻고자 그리스도의 도우심을 구하고 있습니다.

나도 그렇게 믿고 있다. 하지만, 평안을 얻고 싶다면 당신은 그리스도의 사역 또는 그리스도의 피 뿌림을 마음 속에 받아들여야 하는데, 엉뚱하게도 당신은 그리스도의 도우심을 구하고 있다. 당신은 그리스도의 도우심이 아니라 하나님의 의(義)를 원해야 한다. 그래서 의롭게 되면, 그 후에 우리는 매순간 필요로 하는 그리스도의 도우심을 얻게 될 것이다. 그리스도는 우리 속에서 무슨 일이 있기 전에, 모든 선한 생각을 우리에게 주시는 분이시다. 하지만 이러한 영적인 작용은 평안도 아니고, 그리스도의 피 뿌림도 아니고, 의도 아니다. 그럼에도 이러한 탐구는 아무 소득도 없이 끝나지 않는다. 왜냐하면 이 일은 당신으로 하여금 당신이 추구하는 것을 찾을 수 없다는 사실을 보게 해줄 것이기 때문이다. 따라서 당신은 거룩을 찾을 수도 없고, 이로써 평안을 찾을 수도 없다. 다만 당신은 할 수 없다는 것과 "원함은 있으나 선을 행하는 것은 없다"는 것을 깨닫게 될 것이고, 은혜를 통해서, 당신 속에 선한 것이 없다는 것을 아는 것이 곧 평안을 얻는 지름길인 것을 알게 될 것이다. 그렇다면 평안은 당신 속에 있는 은혜의 작용과 당신의 상태에 달린 일이 아니라, 오직 그리스도의 사역에 달린 일인 것이 분명해질 것이다. 하나님은 그렇게 일하신다. 하지만 이러한 하나님의 역사 자체가 평안을 얻는 길로 제시된 것이 아니라, 다만 그러한 역사를 통해서 우리 자신을 더 이상 바라보지 말고, 다만 단순하게 그리고 전적으로 그리스도의 사역을 바라보고 또 하나님 임재 가운데 계신 그리스도를 바라보도록 제시되었다. 자 이제 나아오라. 당신은 하나님 앞에 있는가?

Q: 저도 모르겠습니다. 그것이 다만 저를 괴롭히고 있습니다.

그렇다면 당신은 잃어버린 자인가?

Q: 그렇지 않기만을 바랄 뿐입니다. 물론 우리가 본질상 잃어버린 자란 사실을 잘 알고 있습니다. 가끔 의심이 나긴 하지만 내 속에 은혜의 작용이 있다는 것을 압니다.

이제 당신이 하나님 앞에 서 있다고 생각해보라. 당신의 경우, 어떻게 판결이 날 것 같은가? 과연 당신의 행실로서 재판에서 이길 가능성이 있는가? 당신은 진정 확신하는가?

Q: 그렇게 되길 소망할 뿐입니다. 내 속에 은혜의 역사가 있는 것은 분명합니다. 하지만 심판을 생각할 때 무서움이 몰려오는 것도 사실입니다.

당신 속에 은혜의 역사가 있음을 나도 인정한다. 그것을 의심하지 말라. 하지만 여기서 질문의 핵심을 파악할 필요가 있다. 하나님의 임재에 합당한 자가 되려면 당신에게 필요한 것이 무엇인가? 만일 하나님께서 당신을 법정에 소환하신다면 당신은 다만 잃어버린 자라는 사실만이 드러나게 될 것이란 점이다. 지금 당신은 죄인이다. 죄인은 하나님 앞에 설 수 없다. 이때 당신에게 필요한 것은 도움이 아니다. 다시 말해서 하나님의 임재 가운데로 들어가는데 필요한 것은 하나님의 의(義)다. 당신은 그 의를 소유하고 있지 않다. 당신의 믿음과 양심을 살피건대, 당신에겐 의(義)에 대한 개념이 없다. 우리는 믿음과 양심을 통해서 의를 소유한다. 의(義)만이 하나님 앞에 당당히 설 수 있는 자격을 준다. 이제 필요한 것은 하나님의 의(義)이다. 왜냐하면 우리에겐 아무 의도 없기 때문이다. 게다가 우리 속에 있는 은혜의 역사가 이 의(義)를 생산해내지 않는다. 이 하나님의 의(義)는 그리스도의 사역에 대한 믿음을 통해서 주어진다. 우리는 그리스도 안에서 이 의(義)를 소유할 수 있다. 그리스도로 말미암아 하나님은 경건치 않은 사람을 의롭다고 하시기 때문이다.

316

  탕자의 경우는 이것을 잘 보여준다. 그 탕자의 영혼 속에 하나님의 역사가 있었다. 그는 스스로 생각하길, 자신이 멸망의 길에 있음을 알았고, 아버지에게로 돌아가고자 길을 떠났다. 자신이 지은 죄들을 인정했을 때, "나를 품꾼의 하나로 보소서"라는 말이 터져 나왔다. 자신을 제대로 볼 수 있는 정직성과 하나님의 선하심에 대한 인식, 그리고 죄에 대한 각성이 있었고, 게다가 자기 아버지를 만났을 때 자신이 바라는 소망이 이루어질 것이란 확신이 있었다. 당신도 마찬가지이다. 탕자에겐, 그리스도인들이 흔히 말하는 겸손과 소박한 소망이 있었다. 하지만 한 가지 빠진 것이 있었다. 그것이 무엇일까? 바로 당신의 경우처럼, 그는 아직 자기 아버지를 만나지 못했다. 탕자는 자신이 아버지를 만났을 때, 아버지가 자신을 어떻게 영접해줄지 감히 상상조차 하지 못했다. 이것은 비록 하나님이 그 사람 속에 역사해오셨음에도, 여전히 하나님을 만나본 적이 없는 사람들이 대부분 처해 있는 위치(position)이다. 탕자가 아버지를 직접 만나 뵈었을 때, 자신을 품꾼의 하나로 여겨달라는 말은 입 밖에도 낼 수 없었다. 아버지의 환대와 호의 때문이었다. 이미 죄에 대한 자백이 있었고, 자신이 지은 죄들 가운데 뒹굴었던 경험은 그로 하여금 넝마를 뒤집어쓴 채 아버지를 만나도록 했다. 이러한 일련의 과정은 한 영혼이 하나님을 만나는 과정과 같다. 양심이 각성되고, 자신이 지은 죄들을 인정하는 것이 필요하다. 그 후에 아버지는 "그를 보고 측은히 여겨 달려가 목을 안고 입을 맞추었고" - 은혜가 나타났다 - "제일 좋은 옷을 내어다가 입히고" - 제일 좋은 옷은 그리스도를 상징한다 - "가락지를 끼우고" - 변함없는 하나님의 의(義)를 상징한다 - "발에 신을 신겼다." (눅 15:20-22) 이 모든 것은 아버지를 만나기 전까지는 탕자에게 없던 것들이었다. 그에게 전혀 새로운 것이 주어진 것이다.

하나님의 임재 속에 들어갈 때 우리에게 필요한 것은 그리스도이지, 무슨 영적 진보가 아니다. 그리스도로 말미암아 주어지는 의와 칭의는 우리가 시시때때로 필요로 하는 도움이나 개선이 아니다. 하나님은 여기까지 우리를 도우셨다. 그렇지 않다면 여기까지 올 수 없었을 것이다. 지금까지 과정이 있었고, 그 과정은 우리를 하나님의 임재 앞으로 나아오도록 했다. 이러한 과정 자체에 무슨 의미를 부여할 필요는 없다. 무엇보다 중요한 것은, 이 과정을 통해서 비로소 하나님의 눈 앞에서 우리 자신의 죄의 실상을 보게 되었다는 것이다. 이제 우리는, 하나님은 이 과정 가운데서 그 어느 것도 받으실 수 없기에, 하나님의 존전 앞에서 우리를 대신해서 그리스도를 받으셨다는 것을 발견하는 것이다. 그렇다면 이 그리스도는 우리에게 무슨 의미인가? 그리스도는 바로 우리가 지은 모든 죄들을 대신 감당하신 분이실 뿐만 아니라, 그리스도는 그 자체로 완전하고 절대적이며 영원한 우리의 의(義)라는 진실이다. 평안을 얻는 길은 우리의 영적 진보에 달려 있지 않다. 그것이 사실이라면 우리는 이렇게 말해야만 할 것이다. "그러므로 우리가 경험으로 의롭다 하심을 받았으니 우리 주 예수 그리스도로 말미암아 하나님과 화평을 누리자." 하지만 하나님의 말씀은 그렇게 말씀하고 있지 않다. 여기에 이르는 바른 과정은 단순하고도 순전히 우리 자신이 잃어버린 자라는 인식을 가지고 하나님의 임재 속에 들어가, 우리가 지은 죄들을 자백하고 또 "내 속 곧 내 육신에 선한 것이 거하지 아니하는 줄을" 인정하는 것이다(롬 7:18). 그리고 현재 무엇보다 중요한 사안으로서, 우리 자신이 잃어버린 자라고 하는 사실을 고백하는 것이다.

317

이 문제는 장차 심판의 날에 일어나는 것이 아니라, 지금 우리의 상태를 살피는 문제이다. 즉 우리가 실제적으로 죄들을 짓고 있음과 우리 속에서 꿈틀거리는 죄악된 본성에 대한 문제인 것이다. 이 두 가지는 정직한 영혼을 괴롭히는 전염병과도 같다. 따라서 우리가 하나님의 임재 앞에 서려면 우리의 넝마대신 "가장 좋은 옷"이신 그리스도를 입어야 한다. 우리는 그리스도를 영접했고 또 그리스도를 믿고 있다. 그리스도는 우리가 지은 죄들을 위한 화목제물(the propitiation for our sins)이 되셨고, 친히 나무에 달려 그 몸으로 우리의 모든 죄들을 담당해주셨다. 이렇게 그리스도를 믿는 사람은, 그리스도께서 우리의 의이신 것을 알아야 한다. 뿐만 아니라 그리스도께서 죄를 위한 속죄제물(a offering for sin)이 되셨을 때, 하나님은 육신에 있는 죄(sin)를 정죄하셨다(롬 8:3). 우리는 이제 "육신에" 있지 않고, "그리스도 안에" 있다. 첫 사람 아담과 그의 죄들, 곧 우리 자신은 끝났고, 대신 우리는 그리스도와 그리스도 사역의 가치를 항상 지니는 자가 되었다.

이것은 그리스도로 말미암아 하나님께 나아와, 그리스도를 자신의 의(義)로 믿는 모든 사람에게 참된 것이다. 우리가 성경의 말씀을 단순하게 믿는다면, 한 순간 이 모든 것이 환히 보일 것이다. 만일 그렇지 않다면, 우리는 우리 마음 속에 숨어 있는 자기-의란 질병을 치유해야만 한다. 하나님 앞에 진실한 죄인으로 서라. 그리하면 사랑의 하나님께서 우리가 지은 죄들(sins)과 우리 속에 있는 죄악된 본성(sin)의 문제를 모두 해결하신 것을 보게 될 것이다. 심판 날에 내가 소명해야 하는 모든 죄 문제가, 이제 그리스도로 말미암아 하나님께 나아가는 모든 사람을 위해서 "단번에 영원히" 십자가에서 해결되었다. 하나님의 의를 따라서, 그 모든 죄들(sins)이 제거되었을 뿐만 아니라 우리 육신 속에 있는 하나님을 대적하게 하고 또 하나님을 멀리하고 미워하게 했던 죄(sin)까지도 해결된 것이다. 그리스도께서 우리를 위하여 죄가 되셨을 때 죄(sin)와 하나님이 십자가에서 만났고, 그리스도의 죽음을 통해서 우리도 죄에 대하여 죽임을 당했다. 그렇다면 우리는 하나님 앞에서 그리스도의 영혼이 수고한 열매인 것이다. 그리스도는 많은 사람의 죄들(sins)을 담당했을 뿐만 아니라 죄(sin)를 없이 하시려고 세상 끝에 나타나셨다. 그리스도는 그토록 기념비적인 시간에 의(義)에 대하여 하나님을 영광스럽게 해드렸다. 그리스도는 내가 쌓아온 모든 것을 가져가셨고, 나는 그리스도께서 이루신 일을 나의 열매처럼 얻었다.

실제적으로 말해서, 나는 손에 희생제물을 들고 하나님께 나아간 아벨과 같다. 하나님은 그 가치를 아신다. 나는 나 자신이 의롭다 함을 받은 의인이라는 증거를 가지고 있다. 증인은 내 손에 들린 예물을 보고 증거해줄 것이다. 나는 하나님의 눈에 그리스도의 희생제물이 가진 가치를 따라서 열납된 사람이다. 그 제물을 가지고 가는 것 자체가 나 자신에겐 아무 의가 없다는 고백이다. 심지어 영적 성장이나 영적인 발전조차도 나의 의로움이 아니다. 나는 나를 대신해서 죽임을 당하신 어린양 예수 그리스도와 함께 하나님께 나아가며, 그리스도의 증거가 내 손에 들린 예물이다. 내가 그리스도의 완성된 사역만을 가지고 하나님께 나아갈 때, 하나님은 나를 받아 주신다. 이렇게 나아가는 것은 나는 다만 죄인일 뿐임을 고백하는 것이다. 죄인으로서 하나님 앞에 나아가지 않는 사람은 자신의 의로움을 가지고 나아가는 것이며, 그러한 사람은 하나님 앞에서 쫓겨나게 될 것이다.

318
Q: 그렇다면 그리스도를 반드시 영접해야, 즉 받아들여야 한다는 말인가요?

아, 어떻게 "우리는" 은혜 안에서 우리를 향한 하나님의 섭리 가운데서 가장 복스런 증거들을 받아들일 수 있는가? 나는 "여기에 하나님 편에서 당신을 위하시는 그리스도, 하나님의 어린양이 있다"고 말하고 싶다. 그런데 당신은 "그리스도를 반드시 받아들여야 하는가?"라고 대답한다. 나는 놀라지 않는다. 그것이 인간의 본성이고 육신 안에 있는 나의 본성이다. 하지만 내 속에 선한 것이 거하지 않는다는 것을 알고 있다. 나에게 말해보라. 당신은 기쁘게 그리스도를 영접할 것인가?

Q: 확실히 저는 그럴 것입니다.

그렇다면 실제적인 문제는 그리스도를 받아들이는데 있는 것이 아니라, 과연 하나님께서 당신에게 그리스도를, 그리고 그리스도 안에 있는 영원한 생명을 제시하고 있는가에 있다. 순전한 영혼을 가진 사람은 이렇게 말하고 싶을 것이다. "영접하다 마다요! 나는 그리스도를 영접할 수 있다는 것에 감사할 따름입니다." 하지만 일이 그리 단순하지만은 않다. 만일 당신이 누군가에게 심각한 죄를 지었는데 친구가 그에게 화해를 요청하라고 조언해주고 있다. 그렇다면 화해는 누가 받아들여야 하는 것인가?

Q: 그야 물론 해를 당한 사람이 받아들여야겠지요.

분명히 그렇다. 그렇다면 당신이 지은 죄들 때문에 누가 해를 당했는가?

Q: 하나님이지요.

누가 화해를 받아들여야 하는 것인가?

Q: 그것도 하나님이지요.

바로 그렇다. 당신은 과연 하나님께서 화해를 받아들였다고 믿는가?

Q: 저는 의심의 여지없이 그렇게 믿습니다.

그렇다면 하나님은 만족하셨다. 당신도 만족스러운가?

Q: 아! 이제야 보입니다. 그리스도는 총제적인 문제를 해결하셨고, 하나님은 그것을 받으셨습니다. 더 이상 제겐 죄나 의(義)에 대해서 풀리지 않은 문제란 있을 수 없습니다. 그리스도께서 하나님 앞에서 나의 의가 되어 주시기 때문입니다. 이 얼마나 놀라운 일인지요! 이 얼마나 단순한 일인지요! 나는 어째서 이것을 보지 못했을까요? 참으로 어리석기 짝이 없었네요!

그러한 것이 바로 그리스도의 사역에 대한 믿음이다. 이 시점에서 문제는 우리가 그것을 받아들이고 있는가, 또는 하나님이 그것을 받으셨다는 것을 믿는 것에 있지도 않다. 이 시점에서 당신이 그것을 믿고 있는지를 물을 필요는 없다. 믿음의 대상은 당신 영혼 앞에 있으며, 영으로 보고 있다. 하나님이 계시해 오신 것은 다만 믿음을 통해서 보고 알게 된다. 당신은 당신의 상태에 대해선 확신할 수 없어도, 그 사실만큼은 확신하고 있다. 당신이 당신 앞에 놓인 등불을 보는 것처럼 당신은 그것을 알고 있지만, 당신의 눈의 상태를 아는 것으로 그것을 아는 것은 아니다. 오히려 당신이 그것을 본다는 것을 통해서 당신 눈의 상태를 알 수 있는 것이다. 당신은 전에 "나는 얼마나 어리석었던가!" 라고 말했다. 다시 한번 묻겠다. 당신은 그때 무엇을 보고 있었는가? 그리스도인가, 아니면 당신 자신의 거룩성 또는 조금 더 나아진 영혼의 상태였는가?

319

Q: 아마도 제 자신의 거룩성이나, 제 영혼이 조금씩 나아지고 있는지, 저의 상태를 살피고 있었던 것 같습니다.

그때 당신은 진정 그리스도를 보지 못하고 있었던 것을 놀라지 말라. 이제 하나님은 당신을 하나님의 의에 항복하도록 부르신다. 이 말은 우리에게 속한 의(義) 또는 우리에게서 나오는 의가 아니라, 하나님 앞에 계신 그리스도를 나의 의(義)로 삼는 것이다. 교만한 사람도 은혜로 말미암아 우리에게 속한 의 또는 우리에게서 나오는 의를 버릴 때, 이로써 구원을 받을 수 있다. 우리 자아를 대신하고 또 우리 육신이 차지하고 있던 자리를 대신하는 것은 그리스도이시다. 당신이 추구하던 방식으로 평안을 얻을 수 있었는가? 그때 당신은 누구로 인해 만족을 얻고자 했는가? 바로 우리 자신이었다.

그렇다. 그래서 무엇을 얻었는가? 아무 것도 없다. 그리스도에게 도움을 구하긴 했지만, 정작 그리스도를 밖으로 밀쳐내고 있었다. 의와 평안이신 그리스도를 문밖에 세워두고 있었다. 하나님에게서 배운 정직한 영혼은 그 상태로는 만족할 수 없는 법이다. 하나님과 동행하는 삶을 살고 있다면, 하나님의 사랑을 확신하고 있어도, 하나님의 의(義)에 항복하기 전까지는 여전히 수년 동안 아무 평안도 맛보지 못한 상태로 머물러 있을 수밖에 없다. 이제 다른 주제를 살펴보자. 하나님과 화평을 누리고 있는 영혼은 이제야 비로소 그리스도를 배우는 것이 무엇인지를 묵상하기 시작할 것이다. 그리스도는 우리가 지은 죄들을 감당해주셨고, 죄에 대하여 죽으셨으며, 믿는 자들을 위하여 죽음을 통해서 옛 사람의 역사를 종결시키셨다. 신자는 그리스도와 함께 십자가에 못 박혔다. 그리스도는 이 일을 통해서 하나님을 영화롭게 해드렸고(요 12:31,22, 17:4,5), 하나님의 영광 안에서 사람을 위한 자리를 마련하실 수 있었다. 이 자리는 그리스도께서 하나님을 영화롭게 해드렸기 때문에, 이에 대한 보답으로 하나님께서 하나님의 본성과 호의를 따라서, 자신이 그리스도와 함께 죽었고 또 함께 살아났다는 믿음을 가진 신자를 적극적으로 열납해주시고, 사랑과 은혜를 베푸시는 자리이다. 그것이 하나님 앞에 있는 우리의 자리이다. 이 자리는 옛 사람과 옛 사람이 지은 모든 죄들이 다 하나님의 눈 앞에서 제거되었을 뿐만 아니라, 우리가 하나님 앞에서 그리스도 안에 있는 자가 되었기 때문에 주어진 자리이다. 우리에게 주신 성령을 통해서 우리는 이 자리를 비로소 인지하게 되며(요 14:20), 사랑하는 자 안에서 열납되었고 또 그리스도를 향한 하나님의 호의가 그대로 우리에게도 베풀어지는 것을 알게 된다. 게다가 성령님이 우리 안에서 내주하기 시작하신다. 이 일은 우리를 참되고 실제적인 거룩으로 이끌어준다. 우리는 그리스도의 피를 통해서 하나님께로 (신분적으로) 성화되었고, 따로 구별되었다. 우리는 그렇게 그리스도의 생명 또는 우리 생명이신 그리스도와 및 성령님을 소유하고 있다. 만일 그대가 진정으로 원하고 바란다면, 그리스도께서 친히 우리 행실의 기준과 하나님과의 관계에서 척도(尺度)가 되어 주실 것이다. 우리는 우리의 것이 아니라 값으로 사신 바가 되었다. 그리스도의 피와 견줄 수 있는 것은 아무 것도 없다. 바로 그 피 값으로 우리를 사신 것이다. 그 피가 가진 효력과 권세가 진정 우리 마음에 깨달아지고 믿어질 때, 그리스도인이 된다.

이것은 구약성경에서 모형과 예표를 통해서 아름답게 그려져 있다. 문둥병자가 깨끗해지려면, 희생제사를 드린 후에 그 속건제물의 피를 취하여 그의 귀와 손가락과 발가락에 발라야 했다. 이는 그리스도 피의 가치에 부응할 수 없는 모든 말과 모든 생각과 모든 행동은 그리스도인의 생각과 행실로 나타나서는 안된다는 의미이다. 그리스도인은 이 세상에 속한 모든 것에서 자유롭게 되었고, 또한 비록 죄의 몸으로 살고 있지만 보배로운 피를 통해서 우리 마음의 뜻과 생각과 동기를 깨끗하게 할 수 있다는 것은 얼마나 기쁜 일인가! 우리 마음에 피 뿌림을 받았을 때, 우리는 성령으로 인침을 받았다. 이제 성령님을 근심시킬 수 있는 것은, 그것이 무엇이든지 그리스도 안에 사는 사람으로서 그리스도인에게 합당치 않다. 그처럼 보배로운 피와 그리스도께서 피를 흘리시기까지 보이신 사랑이 우리 그리스도인의 (말과 행실의) 동기가 되었고, 성령님은 그 능력이 되어주셨다. 그리스도인은 그리스도께서 행하신 대로 진정한 헌신과 사랑으로 사는 사람이다. 만일 우리가 그리스도 안에 있다면, 그리스도는 우리 안에 계신다. 우리는 그것을 우리에게 주신 보혜사를 통해서 알 수 있다(요 14). 우리는 이 세상에서 그리스도의 편지이다. 예수의 생명이 우리 죽을 몸에 나타나게 해야 한다.

320

Q: 그렇지만 당신의 기준은 너무 높습니다.

이 기준은 내가 제시하는 것이 아니라, 성경이 제시하고 있다. 성경은 "주 안에 산다고 하는 자는 그가 행하시는 대로 자기도 행할지니라"(요일 2:6)고 말한다. 하나님께서 친히 우리 앞에 모델을 제시하셨는데, 그 모델이 바로 그리스도시다. 그리스도는 사람 속에 있는 신의 성품의 표현이시다. "사랑을 받은 자녀같이 너희는 하나님을 본받는 자가 되고 그리스도께서 너희를 사랑하신 것 같이 너희도 사랑 가운데서 행하라 그는 우리를 위하여 자신을 버리사 향기로운 제물과 희생제물로 하나님께 드리셨느니라."(엡 5:1,2) 여기엔 한계가 없다. "우리가 이로써 사랑을 알고 우리도 형제들을 위하여 목숨을 버리는 것이 마땅하니라."(요일 3:16) "이제는 주 안에서 빛이라 빛의 자녀들처럼 행하라."(엡 5:8) 여기서 당신이 주목해야 할 것이 있다. 여기엔 율법적인 것이 전혀 없다는 점이다. 우리는 율법을 통해서 하나님을 기쁘시게 하는 일을 힘쓰지 않는다. 많은 사람들이, 완전한 은혜를 깨닫고 구원에 대한 확신을 가지면 우리 마음대로 살 수 있는 자유가 주어진 것이라고 말한다. 즉 이 말은 우리가 완전하게 구원을 받았을진대 무슨 행위 따위가 필요한가라는 의미이다. 이것은 끔찍스러운 말이다. 선을 행할 아무런 동기도 없는 사람이 되는 것이나, 아니면 그저 행위를 통해서 "구원을 받고자" 하는 것이나, 다 율법적 의무와 율법 아래서 종노릇하는 상태로 떨어지게 된다. 설사 구원을 받았다 해도, 전혀 선을 행할 동기가 없는 사람이 되는 것이다. 과연 천사에게 선을 행할 동기가 있을 수 있겠는가? 이렇게 생각하는 것은 전적으로 실수하는 것이다. 선의 문제를 그저 인간적인 것으로 만들 수는 없다. 마태복음 7장 25,26절을 근거로 자녀들은 의무에서 면제되었다는 주장하는 사람이 있다. 자녀들은 확실히 그리고 항상 자녀이기 때문이라는 것이다. 나는 이렇게 말하고 싶다. 하나님의 자녀들은 항상 그리고 확실히 선을 행할 의무 아래 있다. 왜냐하면 그들은 항상 그리고 확실히 자녀이기 때문이다. 만일 자녀가 아니라고 할 것 같으면, 아무 의무도 없다. 다시 말해서 하나님의 자녀는 항상 그리고 확실히 선을 행할 의무가 있는 것이다.

Q: 이전에는 이렇게 생각해본 일은 없지만, 이제는 매우 선명해졌습니다. 그렇다면 우리가 하나님의 자녀가 되기 이전에는 아무 의무도 없다는 의미인가요?

그렇다. 우리에겐 아무 의무도 없었다. 그리스도인이 되기 전까지는 그리스도인으로 살아야 할 의무가 있을 수가 없다. 우리는 사람으로서 마땅히 살아야 하는 의무, 즉 하나님 앞에서 육신 안에 있는 사람으로서 살아야 하는 의무 아래 있었다. 율법이야말로 완전한 기준이었다. 하지만 율법의 기준으로 볼 때, 우리가 이미 살펴본 대로, 우리는 전적으로 잃어버린 자였다. 이제 우리는 그리스도 예수 안에 있는 믿음에 의해서 하나님의 자녀가 되었고, 은혜로 말미암아 완전한 구원을 받았다. 그렇다면 우리의 의무는 하나님의 자녀로서의 의무인 것이다. 의무는 항상 우리가 들어간 관계로부터 흘러나오며, 애정과 감정도 마찬가지이다. 관계를 바르게 인식하는 것에서 의무의 성격과 특징이 규정된다. 비록 우리가 관계를 잊을지라도 의무는 없어지지 않는다. 따라서 성경은 항상 "사랑을 받은 자녀같이 너희는 하나님을 본받는 자가 되라"(엡 5:1)고 말하고 또

"하나님이 택하사 거룩하고 사랑 받는 자처럼 긍휼과 자비와 겸손과 온유와 오래 참음을 옷 입고"(골 3:12)라고 말한다. 바른 정서와 의무는 우리가 이미 들어간 자리에서 흘러나오는 것이지, 그 자리에 들어가는 수단이 아니다. 우리가 들어간 자리에 합당하게 행할 때, 우리는 그 자리를 즐거워할 것이다. 오히려 우리는 그 자리에서 하나님과 교통하며, 하나님의 빛과 호의를 즐거워하게 된다. 하나님께 충성스럽지 못하다고 해서 관계를 잃어버리는 것은 아니다. 왜냐하면 우리는 이미 그 관계 속에 있기 때문이다. 다만 그 관계에 일치하는 못하는 우리 자신을 자책하게 만들 뿐이다. 그렇다면 이 부분에서 그리스도의 변호 등 다른 진리들이 필요해진다. 이러한 진리들은 나름 귀한 가치가 있지만 지금은 다루지 않을 것이다. 다만 한 가지 언급하는 것은, 그리스도의 변호는 우리로 의를 얻게 해주는 수단이 아닐뿐더러, 그리스도의 변호는 그리스도께서 우리의 죄들을 위한 화목제물이 되어주신 것과 이 사실 위에 기초하고 있다는 점이다. 우리는 그리스도의 변호를 바라며 하나님께 갈 필요가 없다. 사실 그리스도께서 죄를 지은 우리를 위해서 친히 하나님께 나아가신다. 그리스도는 베드로가 죄를 짓기도 전에 그 필요를 보시고 그를 위해 기도하셨다. 그의 믿음이 떨어지지 않도록 기도하셨고, 이 일은 베드로에게 필요한 일이었다. 그래서 밀 까부르듯 요동했지만 그의 믿음은 떨어지지 않을 수 있었다. 아, 우리가 그리스도를 신뢰하는 법을 배울 수만 있다면 얼마나 좋을 것인가! 그리스도는 자신의 대적들로 둘러싸인 가운데서도, 베드로가 그 마음이 시험을 받고 있는 바로 그 순간에, 그를 바라보고 계셨음을 생각하라!

321

우리가 말씀을 그 의미대로 취할 때, 이 모든 주제들이 우리 마음에 참으로 단순하게 와 닿는다. 이처럼 말씀을 단순하게 볼 때, 이 말씀은 하나님에 대한 당신의 생각을 바꾸어줄 것이다. 한 구절만으로도 성경을 전체적으로 새롭게 볼 수 있게 해줄 것이다!

이제 다른 두 가지 주제를 살펴보자. 우리는 그리스도의 사역이 우리를 하나님께 화목시켰고 또한 하나님을 영화롭게 했음을 이미 살펴보았다. 우리는 어떻게 우리가 의(義)를 소유할 수 있는지를 보아야만 한다. 그리스도를 내어주신 것은 하나님의 주권적인 사랑이었으며, 그 동일한 사랑으로 그리스도는 자신을 우리를 위해서 내어주셨다는 것도 기억해야 한다. 하지만 의(義)가 공의로 다스리는 것은 우리에게 해당되지 않는다. 물론 장차 공의로 심판이 집행될 것이며, 또한 하나님께서 땅을 다스리고자 세상에 임하실 때 의(義)는 온 세상을 덮을 것이다. 하지만 우리에겐 은혜가 다스리며 또한 주권적인 선함과 신성한 의와 공의 가운데 계신 하나님께서 다스리신다. 왜냐하면 하나님은 우리에게 그리스도께서 들어가신 자리를 주셨고, 그리스도처럼 하나님의 임재를 즐거워하는 자리를 주셨기 때문이다. 죄인에게 하나님의 아들과 함께 할 수 있는 자리를 주시고 또 그 아들의 형상을 닮게 하시는 것은 그야말로 주권적인 은혜이다. 이것은 의(義)에 속한 문제이다. 이는 그리스도의 피와 사역이, 우리가 요한복음 13장과 17장에서 살펴본 것처럼, 그러한 자리가 요구하는 모든 것을 온전히 충족시켰기 때문이다. 그래서 이제 우리는 "우리 주 예수 그리스도로 말미암아 하나님 안에서 또한 즐거워"(롬 5:11) 할 수 있다. 우리는 그리스도를 사랑으로 알고 있을 뿐만 아니라, (사랑은 우리의 기쁨과 복을 모두 합친 총합이라고 할 수 있다) 그리스도 안에서 우리의 의(義)로 알고 있다. 이는 우리가 그리스도 안에서 하나님의 의(義)가 되었기 때문이다. 우리는 하나님의 사랑하심을 받았을 뿐만 아니라 하나님과 화목을 이루었다. 우리가 들어간 자리는 참으로 복된 자리이다. 그 자리는 거룩한 정서와 평안한 안식으로 가득한 자리이다. 우리는 그 자리에서 아버지와 그 아들 예수 그리스도와 함께 하는 교통을 나눈다. 그렇다면 교통(사귐)이란 무엇인가?

322

Q: 글쎄요. 흔히 말하는 거룩한 생각과 기쁨과 감정을 서로 나누는 것이 아닌가요?

우리가 "아버지와 그의 아들 예수 그리스도와 함께" 하고 있음을 생각해보라!

Q: 그 자체만으로도 경이로운 일이 아닐 수 없네요. 저는 그렇게 할 수 없을 것 같은데요.

우리는 "믿음으로 말미암아 그리스도께서 우리 마음에 계시도록 해야 하며, 사랑 가운데서 뿌리가 박히고 터가 굳어져서 능히 모든 성도와 함께 지식에 넘치는 그리스도의 사랑을" 알기까지 지속적으로 추구해야 한다. 만일 성령님이 우리 속에 거하심으로 우리의 생각과 기쁨과 감정의 원천이 되어 주신다면, 우리는 가난하고 연약한 피조물에 불과하지만, 아버지와 그 아들과 함께 하는 사귐을 나누는 사람들이기에 그 세 가지 사이에 불협화음이 일어날 수가 없다. 그리스도인은 당연히 그리스도를 기뻐하며, 그분의 말씀과 그분의 순종과 그분의 거룩과 아버지의 뜻에 자신을 온전히 바친 그리스도의 희생을 기뻐해야 하지 않는가? 아버지께서도 그것을 기뻐하지 않으시는가? 우리는 실로 가련하고 연약하지만, 그분은 강하시다. 그럼에도 그리스도에게 목표는 하나였다. 그리스도는 하나님께서 택하신 보배로운 분이시듯, 그리스도를 믿는 자들에게도 그리스도는 보배로운 분이시다. 일부러 이 사실을 입증하고자 성경을 인용하진 않을 것이다. 어쨌든 이것이 당신 삶의 일상사가 되게 하고, 이것을 마음 속에 부지런히 묵상하라. 그리하면 성령의 도우심을 통해서 아버지와 아들의 마음에 일치하는 삶이 무엇인지 깨닫게 될 것이다.

Q: 그렇게 되는 것이 분명 옳지만, 제게는 너무도 새롭게만 들립니다. 저는 전혀 다른 세상에 온 것 같습니다! 만일 그게 사실이라면, 우리는 지금 어디에 있는 거죠?

나는 당신이 이것을 깊이 묵상해보길 바란다. 과연 그러한가 하는 마음으로 말씀을 상고해보라. 과연 성경이 우리가 지금까지 살펴본 영혼의 고뇌의 과정을 설명하고 있는지, 게다가 그리스도인을 그저 죄 사함을 받고, 사랑하는 자 안에서 열납된 자로만 보는지, 아니면 "너희는 다시 무서워하는 종의 영을 받지 아니하고 양자의 영을 받았으므로 우리가 아빠 아버지라고 부르짖는" 사람으로 보는지를 직접 상고해보라.

Q: 이것을 제가 받아들인다 해도, 이해할 수 없는 본문이 있습니다. 성경은 우리에게 "너희가 믿음 안에 있는가 너희 자신을 시험하고 너희 자신을 확증하라"(고후 13:5)고 말하는데, 당신이 지금까지 설명해온 것에는 이 내용이 없는 것처럼 보입니다.

그 구절을 직접적으로 다루지 않은 것은 사실이다. 많은 진지한 영혼들이 고린도후서 13장 5절을 따라서 자신을 시험하는 일을 하고 있다. 우리는 사실 지금까지 자연스럽게 그 일을 해온 것이다.

성경은 그 일을 하도록 분명히 교훈하고 있다.

323

고린도후서 13장 3,5절을 살펴보자. 이 구절은 이렇게 시작하고 있다. "그리스도께서 내 안에서 말씀하시는 증거를 너희가 구함이니" 그리고 중간에 삽입구가 있고, "너희가 믿음 안에 있는가 너희 자신을 시험하고 너희 자신을 확증하라"고 말하고 있다. 이것은 일종의 조롱조의 말이다. 고린도 교회 사람들은 과연 그리스도께서 바울에게 말씀하고 있는가를 물었고, 이것은 우리가 고린도전후서를 살펴보면 확인할 수 있듯이, 바울의 사도권을 의심하는 말이었다. 그래서 바울은 최후통첩과도 같이, "여러분 자신들이나 돌아보는 것이 좋겠다. 그리고 여러분이 어찌 그리스도인이 되었는지를 생각해보라."고 대답했던 것이다. 왜냐하면 바울은 그들을 회심시키는 하나님의 도구였기 때문이다. 그리고 나서 "예수 그리스도께서 너희 안에 계신 줄을 너희가 스스로 알지 못하느냐 그렇지 않으면 너희는 버림받은 자니라"는 말을 덧붙였다. 그들은 어떻게 그리스도를 믿게 되었으며, 그리스도는 어떻게 그들 속에 계실 수 있었는가? 고린도 사람들이 이 질문에 대한 대답을 확실히 하게 될 때, 바울은 자신의 사도권이 입증될 뿐만 아니라 그들이 스스로 부끄러움을 느끼게 될 것이다. 그렇다면 이 구절은 과연 누군가로 하여금 자신이 믿음 안에 있는가를 시험해보라는 권면의 말씀이 아닌 것이 된다. 물론 우리가 믿음에 합당하게 행하고 있는지 스스로를 시험하는 것은 좋은 일이다. 하지만 전자와 후자는 전혀 다른 문제이다. 어린이는 대개 어린이로서 할 일을 잘 하는 편이다. 다른 일을 시키고 또 자신이 어린 아이인지를 시험해보라고 말하는 것은 슬픈 결과를 초래할 뿐이다. 관계 자체와 관계를 인지하는 것은 서로 다른 것이다. 우리는 이 두 가지를 혼동해서는 안된다. 관계 인식에 실패하는 것은 (어쨌든, 실제적으로 관계 속으로 들어왔을지라도, 죄들에 대한 징계가 없다면) 그 관계에 합당한 의무와 정서에 부응하지 못하는 결과를 초래한다. 본문을 살펴보라.

Q: 저는 이제 선명히 보고 있습니다. 만일 우리가 이 문제를 지금까지의 내용과 연결해서 생각하지 않는다면 "이는 그리스도께서 내 안에서 말씀하시는 증거를 너희가 구함이니"라는 말씀을 온전히 이해할 수 없을 것입니다. 어쨌든 바울이 말하고자 했던 의미가 선명해지는 것 같습니다. 바울은 "너희가 스스로 알지 못

하느냐?"는 말로 고린도 사람들의 확실성에 호소하고 있었습니다. 일이 이럴진대, 그저 의무적으로 자신이 믿음 안에 있는지를 항상 점검해야 하는 것으로 이해하는 것은 정말 말이 되지 않는 것이 네요. 굳이 그 일을 하자면 성경을 가지고 해야 하나요? 아니면 성경 없이 해야 하는 건가요?

당신은 굳이 의무처럼 당신 자신을 살피는 일을 할 필요는 없다. 그렇게 해보라. 그러면 진리가 선명해질 것이다. 분명하고 확실한 것은 우리는 하나님의 은혜를 필요로 하며, 지속적으로 하나님을 바라볼 필요가 있다는 것이다. 그리하면 우리는 "갓난 아기들 같이 순전한 말씀의 젖을" 얻게 될 것이다(벧전 2:2).

이제 속히 살펴보고 싶은 주제가 있다. 어쩌면 우리 마음에 늘 새겨야 하는 주제일지 모른다. 그리스도를 영접할 때, 우리는 생명을 받는다. 사도 요한은 "또 증거는 이것이니 하나님이 우리에게 영생을 주신 것과 이 생명이 그의 아들 안에 있는 그것이라 아들이 있는 자에게는 생명이 있고 하나님의 아들이 없는 자에게는 생명이 없느니라"(요일 5:11,12)고 말했다. 이 생명과 육신 사이에 공통 요소는 없다.

우리 영혼이 거듭났지만 구속에 대한 명확한 이해가 없다면, (율법 아래서 종노릇하게 될 것이고, 거룩한 책임에 대한 우리의 부담은 커져만 갈 것이며) 결국은 로마서 7장에 있는 사람처럼 우리 속에 있는 죄성을 발견하고는, 마음의 고통과 비참함 속으로 더욱 깊이 빠져들게 될 것이다. 만일 우리가 성령의 인침을 받았고 또 구속이 무엇인지 알고 있다면, "육체의 소욕은 성령을 거스르고 성령은 육체를" 거스를 것이며, 이로써 "이 둘이 서로 대적하는" 것을 경험하게 될 것이다(갈 5:17). 하지만 만일 우리가 성령의 인도를 받고 있다면 우리는 율법 아래 있지 않다. 이제 당신은 당신 속에 생명의 표식이 있는지를 찾아봄으로써 희망적인 결론을 이끌어내고자 애써왔다. 하지만 참된 회심의 결과로서 당신에겐 하나님의 선하심과 같은 일반적인 이해력 외엔 아무것도 없었고, 그리스도께서 나를 위해서 죽으셨다는 사실로 위안을 받는 것 외엔 아는 것이 없었다. 당신 자신에 대한 이 모든 생각은 결코 구속에 대한 믿음이 아니다. 더 나은 소망이 있음에도 불구하고, 당신은 그저 심판의 날이 임하기만을 기다리는 상태에 있게 된다. 아니면 최소한 십자가를 바라보면서 당신은, 죄인으로서 당신에게 필요한 것이 거기에 있음을 보지만, 당신은 여전히 당신 속에 무언가 나아진 것이 있는지를 기대하는 마음을 버리지 않고 있다. 그렇다면 당신은 십자가가 가져다 주는 영적 유익을 이제는 소유했노라고 말할 수 없을 것이다. 그렇다. 그러한 것들은 하나님 앞에서 당신의 상태를 그대로 반영하는 결과물인 것이다. 만일 당신을 지금 당장 심판의 자리에 세우게 되면, 당신의 상태는 당신을 그저 아무 선한 것들이 없는 채로 서게 할 뿐이다. 생명은 구속이 아니다. 둘 다 신자에게 속한 것이지만, 그 둘은 전혀 별개의 것이다. 당신은 생명의 증거들을 찾고자 애썼지만, 결론적으로 말해서, 그 증거들이 있다 해도, 당신은 심판 자리에 서게 될 것이다. 그렇다면 당신은 상당히 모호한 방식으로 그리스도 안에 있는 것이 된다.

324

Q: 제 경우를 너무도 정확하게 설명하고 있다고 생각합니다.

이제 사람들이 단순한 마음으로 하나님을 가까이 하며 살아갈 때, 하나님 속에 있는 선하심을 더욱 실감하게 될 것이며, 거기엔 하나님의 긍휼을 풍성히 맛보는 것이 있을 것이다. 하지만 사람들이 그렇게 하지 않을 때에는 불안한 마음이 일어나고 또 영혼의 안식을 누릴 수 없게 된다. 양심의 송사가 일어나게 될 것이며, 우울한 마음은 아닐지라도, 불행하다는 마음이 들 것이다. 이러한 사람의 경우엔 구속에 대한 이해가 없다. 그리스도께서 우리를 대신해서 심판을 받으셨고, 자신의 영광을 우리에게 주셨기에, 우리는 다만 구속의 날, 즉 몸의 구속을 기다리고 있을 뿐이라는 것은 구속에 대한 믿음이 아니다. 성경은 이 두 가지 진리를 그리스도의 부활 안에 묶어 두고 있다. 그리스도의 부활이야말로 생명의 능력이며, 그리스도의 사역을 받아들였다는 인침이다.

우리는 죄 가운데 죽어 있었고, 심판에 노출되어 있었으며, 사망 아래 있었다. 그리스도께서 하늘로서 오셨고, 우리의 죄들을 제거하는 일을 자신의 죽음을 통해서 이루셨다. 우리는 그리스도와 함께 죽었다. 이제 그렇게 완성된 사역의 결과로 그리스도께서 살아나셨고, 우리도 그리스도와 함께 살아났으며, 하나님은 그것을 열납하셨다. 하나님은 우리를 그리스도와 함께 살리셨고, 모든 허물과 범죄들을 사해주셨다. 이 모든 일의 결과로 생명이 주어진 것이다. 하나님의 신성한 능력이 부활을 통해서 나타났다. 영생을 주셨을 뿐만 아니라, 우리가 처해 있던 상태에서 벗어나도록 해방을 이루셨다. 해방이 이루어진 결과로, 우리는 새로운 상태로 들어왔다. 영적 해방은 외적인 것이라기 보다는 생명을 소유한 자로서 실제적으로 (내적으로) 능력을 받는 문제이다. 구속의 의미는 이렇다. 문자적으로는 값을 지불한다는 의미가 있지만, 과거에 처해 있었던 상태에서 건져냄을 받아 전혀 새로운 상태로, 영적 자유를 누리는 상태로 들어온 것을 뜻한다. 고로 몸의 구속을 말할 때, 몸의 구속은 아직 일어나지 않은 미래의 일이다. 생명이 있다고 해서 절로 해방이 이루어지는 것이 아니다. 생명을 받은 자로서, 지금 새 사람의 상태가 아니라 오히려 옛 사람의 상태에 있다는 사실을 깨닫고, 거기에 따른 중압감을 느끼며 고뇌하는 것이 먼저 와야 한다. 그리고 나서 우리가 구속을 받은 자라는 것을 알 뿐만 아니라 그리스도의 죽으심을 통해서 (그리스도의 죽음에 연합함으로써) 우리가 처해 있었던 옛 아담 상태에서 벗어나 그리스도 안으로 들어오는 것이 무엇인지를 아는 것이 필요하다. 그럴 때 우리는 "심판 날에 담대함을" 가지게 된다. 왜냐하면 "주께서 그러하심과 같이 우리도 이 세상에서 그러하기" 때문이다(요일 4:17).

325

Q: 당신이 제시하고 있는 성경말씀들을 따라 잡는 것이 쉽지 않네요. 이것들을 잘 배워두어야 겠어요. 그리스도 안에서 우리는 구속과 생명을 모두 소유하고 있지만, 이 둘의 차이점을 볼 수 있어서 좋았습니다. 그리스도는 죽으셨고 다시 살아나셨습니다. 저는 이전에 생명을 가지고 있을 것이라고 추측만 했습니다. 하지만

이제는 구속에 대한 이해도 생겼습니다.

그렇다. 당신은 구속을 받았다. 분명 하나님은, 당신이 말한 대로, 은혜로 당신 속에서 일해 오셨다. 하지만 이미 말한 대로, 당신은 구속을 (죄인을 사랑하시는 하나님의 사랑의 관점에서) 우리가 지은 죄들을 심판하시는 하나님의 측면에서만 바라보았고, (죄들뿐만 아니라 죄성까지도 해결해버린) 완성된 구속에 대한 믿음이 없었다. 이제 사도 바울이 이 문제를 어떻게 풀어내는가를 보라. "한 사람이 순종하심으로 많은 사람이 의인이 되리라."(롬 5:19) 그리고 나서 "계속해서 죄에 거하겠느냐?"(롬 6:1)고 묻는다. 그에 대한 대답은 무엇인가? 그럴 수 없다는 것이다. 당신은 그리해선 안된다! 이 일은 당신을 율법의 요구 아래 다시금 집어넣을 것이고, 따라서 그리스도의 순종을 통해서 가져온 모든 복을 파괴시켜버릴 것이다. 결코 그럴 순 없다. "죄에 대하여 죽은 우리가 어찌 그 가운데 더 살리요?"(롬 6:2) 당신은 그리스도의 죽음 속으로 세례(침례)를 받았고, 그리스도의 죽음에 참여함으로써 그리스도인이 되었다. 만일 당신이 그리스도와 함께 죽음으로써 죄에 대하여 죽었다면, 어찌 죄 가운데 살 수 있는가? 우리는 이제 죽은 자 가운데서 살아난 사람으로서 우리 자신을 하나님께 자원함으로 드리는 사람이다.

Q: 지금까지 설명을 들으니, 기독교의 토대는 그대로 인데, 전체적으로 새롭다는 느낌이 듭니다. 사람들이 기독교 신앙을 설명하는 것과 전혀 다르네요. 제가 생각했던 평안을 얻는 방식과는 다르지만, 배운 내용들을 마음에 새겨야겠습니다. 오히려 과거에

는 전혀 평안을 느끼지 못했는데, 이제야 평안을 찾은 것 같습니다. 이제 스스로 성경을 읽고 또 상고해 보아야겠어요.

진실은 이렇다. 참으로 진지한 대부분의 그리스도인들이 기독교 신앙에 입문하면서, 그저 모든 것이 잘되기만을 바라지만, 실상은 성경이 말하는 기독교 신앙의 실체 안에 들어오지도 않았다. 기독교 신앙의 실체 안에 들어오는 대신, 실상은 밖에 머물고 있으면서도 마치 무언가 된 것 마냥 그저 세상에 무언가를 보여주길 바라고 있다.

Q: 당신은 우리를 철저한 그리스도인으로 만들려고 하는 것 같습니다. 당신이 말한 대로, 세상에 대해 죽고, 또 자아와 죄 등 모든 것에 대해서 죽은 사람으로 말입니다.

그렇다. "두 마음을 품는 사람은 모든 일에 정함이 없는 사람이다."(약 1:8) 몸 전체를 밝히는 것은 한 가지 목표를 바라보는 눈이다. "네 몸의 등불은 눈이라 네 눈이 성하면 온 몸이 밝을 것이요 만일 나쁘면 네 몸도 어두우리라."(눅 11:34) 우리는 우리의 것이 아니다. 새 사람은 이 세상과 세상에 있는 것들을 자신의 목표로 삼을 수 없다. 물론 세상에서 섬기는 사역을 한다. 그리스도도 그리하셨다. 그리스도는 세상에 있는 그 무엇도 자신의 목표로 삼지 않으셨다. 우리는 세상에 대해 십자가에 못 박혔고, 세상도 우리에 대해 못 박혔다(갈 6:14). 마찬가지로 우리는 "육체와 함께 그 정욕과 탐심을 십자가에 못 박았다."(갈 5:24) 육신의 소욕은 성령을 거스른다는 것을 항상 기억하라. 게다가 이렇게 서로 다투는 것을 경계할 필요가 있다. (왜냐하면 아직 그리스도와 함께 죽었다는 믿음이 오지 않았기 때문이다.) 광야 같은 세상을 살아가는 동안, "두렵고 떨림으로 너희 구원을 이루어야"(빌 2:12) 한다. 우리의 자리가 불확실하기 때문이 아니라, 하나님께서 "자기의 기쁘신 뜻을 위하여 너희에게 소원을 두고 행하게 하시기" 때문이다(13절). 육신이 우리 속에 있고, 사탄이 우리를 속이고 방해하기 위해 세상을 이용하는 한, 하나님의 뜻을 받들어 순종하는 것은 매우 어렵다. 그럼에도 하나님이 당신 속에서 일하시기 때문에 낙심할 필요는 없다. 우리 속에 계신 이가 세상에 있는 이보다 크시다. 당신이 애굽에서 구속을 받아 나온 적이 없다면, 당신은 광야의 어려움을 알 수 없을 것이다. 그리스도는 "내 은혜가 네게 족하도다 이는 내 능력이 약한 데서 온전하여짐이라"(고후 12:9)고 말씀하신다. 그리고 사도 바울은 "만일 하나님이 우리를 위하시면 누가 우리를 대적하리요?"(롬 8:31)라고 말했다. 비밀은 겸손한 마음과 우리를 구원하시고 또 거룩한 부르심으로 우리를 부르신 그리스도를 의지하고 또 확신을 가지고 그리스도를 바라보는데 있다. 당신은 당신 자신을 신뢰하는 것이 아니라 하나님을 신뢰해야 한다. 구속을 통해서 당신은 하나님 앞에 나아왔고, 하나님의 백성이 되었고, 이제는 하나님의 영광을 위하는 자리에 서있다. 구속에 대한 바른 지식은 완전한 평안 속으로 이끌어주며, 나를 구속하신 구속주에 대한 참되고 지속적인 신뢰 관계 속에 들어가게 해준다. 따라서 당신에게 구속을 온전히 이해하는 지식이 없다면 평안도 없다. 게다가 만일 당신이 구속에 대한 바른 지식을 통해서 하나님과 화목을 이루고 있지 않다면 하나님과 동행하는 삶도 불가능해진다.

326

Q: 맞습니다. 하지만 한 가지 더 묻고 싶은 질문이 있습니다. 그렇다고 제가 어려움을 만들어내길 원하는 사람처럼 생각하지 않기를 바랍니다. 저는 몇 가지 부분을 좀 더 선명하게 하길 바랄 뿐입니다. 우리는 지금까지 우리에게 구원을 약속하신 하나님의 약속을 의지하고, 그 약속을 신뢰하라는 가르침을 받아 왔습니다. 많은 사람들이 그렇게 말하는 것을 지금도 듣고 있습니다. 만일 당신의 견해가 옳다면, 구원에 대한 약속을 의지하는 것과 당신이 말하고 있는 것이 어떻게 정확하게 연결되는 것인지 모르겠습니다. 우리는 분명 약속을 의지해야 하는 것이 아닌가요?

그에 대한 대답은 매우 간단하다. 어쨌든 당신이 그렇게 질문해 주니 반갑다. 당신의 질문은 우리가 반드시 살펴보아야 하는 요소들이다. 하나님의 약속을 신뢰하는 것은 정확하게 맞다. 그것은 분명하다. 게다가 매우 보배로운 약속들도 많이 있다. 하지만 대답해 보라. 그리스도께서 오셨고, 십자가에서 죽으셨고, 또 다시 살아나신 것은 약속인가 아닌가?

Q: 아닙니다. 그리스도는 이미 오셨고, 죽으셨고, 또한 다시 살아나셨습니다. 그리고 하나님의 우편에 계십니다.

그렇다. 그것은 약속이 될 수 없다. 왜냐하면 그것은 이미 이루어진 **사실**이기 때문이다. 하지만 구약시대에 살았던 아브라함에게 그 것은 약속이었고, 그는 그것을 약속으로 믿었다. 반면 우리에게 그 것은 이미 성취된 사실이며, 우리는 그것을 사실로 믿는다. 따라서 성경은 그것을 하나의 사실로 말하고 있다. 아브라함은 하나님이 약속하신 그것을 능히 이루실 줄로 믿었다. 하지만 우리는 하나님 이 이미 이루신 일의 효력으로 말미암아 우리를 구원하셨다고 믿는 다. 그렇다면 그것을 여전히 약속으로 생각하는 것은 불신앙이 되 는 것이다. 그래서 성경은 "예수 그리스도를 죽은 자 가운데서 살 리신 이를 믿는 사람에게는 의로움을 전가시켜주신다"고 말하고 있다. 로마서 4장 24-25절은 바로 이 주제를 언급하고 있다. 이 주제 를 지지하고 있는 많은 고무적인 약속들이 있다. "내가 과연 너희 를 버리지 아니하고 너희를 떠나지 아니하리라 하셨느니라."(히 13:5) "오직 하나님은 미쁘사 너희가 감당하지 못할 시험 당함을 허 락하지 아니하시고 시험 당할 즈음에 또한 피할 길을 내사 너희로 능히 감당하게 하시느니라."(고전 10:13) "나의 양을 내 손에서 빼 앗을 자가 없느니라."(요 10:28) "주께서 너희를 우리 주 예수 그리 스도의 날에 책망할 것이 없는 자로 끝까지 견고하게 하시리라." (고전 1:8) 우리가 가는 길에 많은 어려움과 난관이 있지만, 그럼에 도 이 길에서 우리가 의지하고 붙들만한 가치가 있고, 많은 위로를 주는 말씀들이 많이 있다.

하지만 나를 의롭게 해주고 또 하나님과 화목을 이루게 해주는 것은, 그래서 내가 반드시 믿어야만 하는 것은 그리스도의 사역이 다. 게다가 내가 지은 모든 죄들을 완전하게 사면해주고 또 나를 하나님의 구속을 받은 자가 되게 해주는 것은 약속이 아니라, 하나의 사실로서 그리스도의 사역이다. 그리스도의 사역은 이미 이루어진 하나의 사실이며, 이로써 하나님은 그 사역을 받으셨고 또한 영광을 받으신 것이다.

327

Q: 이제 분명하게 보이네요. 이전에는 이처럼 단순하고 선명하게 보았던 때가 없었던 듯합니다. 하나님 앞에서 의롭게 되는 것은 약속이 아니라, 이미 이루어진 사실이군요. 저는 로마서 4장의 말씀을 이런 식으로 본 적이 없었습니다. 이제는 분명해졌습니다. 성경을 그저 내 마음대로 본 것 같습니다. 사실 당신이 말하는 진리는 너무도 분명합니다.

은혜의 사역과 증거 속에 감춰진 또 다른 요소를 살펴보자. 로마서 4장 24-25절은 "그리스도 예수를 믿는 자"에게 의(義)를 주시는 것이 아니라 "예수 우리 주를 죽은 자 가운데서 살리신 하나님"을 믿는 자에게 의를 주시는 것으로 말하고 있다. 베드로도 마찬가지로 "너희는 그를 죽은 자 가운데서 살리시고 영광을 주신 하나님을 그리스도로 말미암아 믿는 자니 너희 믿음과 소망이 하나님께 있게 하셨느니라."(벧전 1:21)고 말한다. 주님도 마찬가지로 "내 말을 듣고 또 나 보내신 이를 믿는 자는 영생을 얻었고 심판에 이르지 아니하나니 사망에서 생명으로 옮겼느니라"(요 5:24)고 말씀하셨다. 우리는 그리스도를 통해서 하나님을 알 때에만 하나님을 실제적으로 알 수 있다. 그렇게 하나님을 알고 있다면, 나는 하나님을 나의 구주 하나님으로 알고 있는 것이다. 하나님은 나를 위해 자기 아들을 아끼지 아니하셨다. 그리스도께서 우리의 죄들을 담당하는 죽음을 죽으셨을 때, 하나님은 그를 죽은 자 가운데서 살리셨다. 다시 말해서, 나는 그리스도를 믿을 뿐만 아니라 그리스도를 보내시고 또 그리스도께서 이루신 사역을 받으신 하나님을 믿는다. 이제 하나님은 그리스도 안에서 사람에게 영광을 주셨다. 그렇다면 하나님은 나를 심판하시는 분이 아니라, 나를 구원하시는 분이시다. 나는 그리스도로 말미암아 하나님을 믿는다. 나는 그리스도의 사역의 결과로서 몸의 구속에 대한 약속이 이루어질 것을 기다린다. 따라서 성경적인 기독교는 우리에게 하나님과의 인격적이고 친밀한 관계를 알게 해주고 그 관계 속에서 거룩한 정서와 평안과 소망의 활력을 준다. 이렇게 사람에게 복을 주고 영적 에너지를 주는 것은 우리가 들어간 위치 때문이다. 게다가 사랑이 이 모든 것의 원천이다. "우리가 사랑함은 그가 먼저 우리를 사랑하셨음이라."(요일 4:19) 그리스도 안에 우리의 즐거움이 있다. 다른 사람들을 사랑하는 것은, 우리가 이제는 하나님의 성품에 참여하였고, 우리 마음에 그리스도의 사랑이 거하기 때문이다. 이제 그리스도의 사랑이 우리를 강권한다.

328

Q: 당신은 그리스도인을 이 세상에서 참으로 경이로운 존재로 만드는 군요. 하지만 우리는 그러한 자리를 감당하기엔 너무도 약한 존재입니다.

나의 몇 마디 말로 사람을 하나님께서 그리스도 안에서 새로이 창조하신 그리스도인이란 존재로 변화시킬 순 없다. 연약함에 대해서 말하자면, 우리가 연약을 느끼면 느낄수록 더욱 좋다. 이는 그리스도의 능력이 우리의 연약함 속에서 온전하여지기 때문이다.

Chapter 5
어떻게 구원받는가?
How are We saved?

로마서 1-8장을 읽으시오.

로마서와 에베소서의 차이점

193

중요한 질문을 하고자 한다. 어떻게 구원받는 것인가? 로마서 1장부터 8장은 복음이 무엇인지를 총체적으로 제시하고 있다. 이 질문에 대한 답변은, 사람이 하나님 앞에서 어떻게 의롭게 되는가에 대한 답변이라고 할 수 있다. 이 주제가 로마서 전체를 관통하고 있다. 로마서는 우리가 그리스도와 함께 부활했다는 것을 다루지 않을 뿐만 아니라 그리스도와의 연합이란 진리도 다루지 않는다. 다만 그리스도와 함께 죽는 것과 그리스도로 말미암아 생명을 얻는 것을 다룬다. 당신이 그리스도와 함께 부활하게 될 때, 당신은 생명

안에서 그리스도와 연합을 이루게 된다. 연합의 진리가 소개되는 곳에선, 칭의(justification)의 진리가 등장하지 않는다. 왜냐하면 새로운 피조물에겐 칭의가 필요치 않기 때문이다. 이 주제를 다루는 것은 에베소서이다. 우리는 에베소서에서 칭의에 대한 것은 전혀 볼 수 없고, 다만 새로운 피조물이 된 사람의 특권과 의무가 무엇인지를 볼 수 있다. 로마서를 보면, 우리는 죄인이며, 죄인에게 필요한 것은 칭의이다. 에베소서를 보면, 우리는 "허물과 죄들로 죽은 자들"이다.

로마서의 두 부분

칭의엔 두 부분이 있다. 하나는 내가 지은 죄들로부터 의롭다 함을 받아 유죄상태(또는 하나님의 심판)에서 벗어나는 것이고(justification from sins), 다른 하나는 의롭다 하심을 받아 생명에 이르는 것으로서, 생명의 칭의이다(justification of life). 첫 번째 것은 내가 과거에 처해 있었던 옛 상태에서 깨끗함을 받는 것이고, 두 번째 것은 하나님 앞에서 새로운 자리에 들어가는 것이다. 이렇게 로마서 1-8장은 두 부분으로 명확히 구분된 상태로 전개되고 있으며, 로마서 1-8장은 두 부분으로 나누어져 있다. 그 첫 번째 부분은 1장에서 5장 11절까지이고 두 번째 부분은 5장 12절부터 8장 끝까지이다. 로마서 1장에서 우리는 우리에게 칭의가 필요한 이유가 무엇인지를 볼 수 있다. 즉 "하나님의 진노가 … 모든 경건하지 않음과 불의에 대하여 하늘로부터 나타나기" 때문이다(8절). 이것은 장래 세상을 심판하실 형벌에 속한 진노가 아니라 죄인을 향한 현재적 진노를 가리킨다. "모든 사람이 죄를 범하였으매 … 하나님의 영광에 이르고 있지 못하기" 때문이다(롬 3:23). 우리는 어디에 이르러야 하는 것인가? 율법에 이르러야 하는 것인가? 그렇지 않다. 성경은 이렇게 말한다. "하나님의 영광에 이르지 못하더니." 다시 말해서 하나님의 영광에 이르러야 하는 것이다. 기독교의 전체 문제는 이 문제에 달려 있다고 해도 과언이 아니다. 당신은 빛 가운데 행하는 사람이거나, 아니면 하나님과 아무 관계가 없는 사람이거나 둘 중 하나이다. 하나님은 더 이상 휘장 뒤에 숨어 계시지 않고, 당신이 어떠한 사람이 되어야 하는지에 대한 하나의 법을 제정하셨다. 즉 하나님이 빛 가운데 계신 것처럼 당신도 빛 가운데 행하는 사람이 되는 것이다. 따라서 우리는 골로새서 1장에서 다음과 같은 감사의 기도를 볼 수 있다. "우리로 하여금 빛 가운데서 성도의 기업의 부분을 얻기에 합당하게 하신 아버지께 감사하게 하시기를 원하노라."(12절) 거듭남은 사람을 이 구절에 맞는 존재로 만들어주지 못하며, 오히려 거듭남을 통해서 영혼이 다시 살리심을 받은 사람은 이 구절이 말하고 있는 바가 자신에게 절대적으로 필요하다는 것을 절감하게 된다. 다시 말해서 단순히 거듭남에 머무는 것이 아니라 영광에 합당한 사람이 되어야 하는 것이다. 당신이 영광에 합당한 사람이 되려면, 또 다른 것을 필요로 한다. 그것은 바로 은혜 안에서 역사하는 (하늘에서의) 그리스도의 사역이다. 무엇보다 복음은 우리 자신에 관한 것이 아니라 "그의 아들에 관하여 성경에 미리 약속된 것"이다(롬 1:2). 사람들은 그리스도의 대의(大義)를 보는 시각을 상실했다. 하지만 그리스도는 "자기에게 순종하는 모든 자에게 영원한 구원의 근원"이 되신다(히 5:9).

하나님의 의(義)를 나에게 가져다주는 복음

194

그리스도의 위격을 소개하고 있는 히브리서 1장 2-4절에는 두 가지 요소가 있다. 첫 번째, 그리스도께서 약속과 연결되어 있다는 점이다. 사람들은 약속을 의지한다. 하지만 약속은 그리스도에 의해서만 그리고 그리스도 안에서만 성취된다. 그리스도 자신이 약속의 성취이시다. "하나님의 약속은 얼마든지 그리스도 안에서 예가 되니 그런즉 그로 말미암아 우리가 아멘 하여 하나님께 영광을 돌리느니라."(고후 1:20) 이것은 그리스도의 성육신과 고난과 죽음에 의해서 이루어졌다. 그래서 그리스도는 "육신으로는 다윗의 혈통에서 나셨던"(롬 1:3) 것이다. 그리스도는 약속을 성취하셨다. 이 말은 우리에게 복을 받을 수 있는 약속이 더 이상 없다는 뜻이 아니다. 17절을 보면 다른 것이 있다. 즉 복음 안에는 "하나님의 의가 나타났다"는 것이다. 그래서 복음을 믿는 믿음은 사람에게 의를 요구했던 율법이 아니라, 그와는 전혀 다른 하나님의 의(義)를 받아들이게 해준다. 이제 사도 바울은 어째서 하나님의 의가 필요한 것인지에 대한 근거를 제시한다. 바로 사람에게 의로움(義)이 없기 때문이다. "거룩(holiness)"은 하나님의 본성과 연결되어 있다. 나 자신이 복음에 대해서 그토록 담대할 수 있는 이유는, 복음이 하나님의 의(義)를 (하늘에서 이 땅에 있는) 나에게로 가져다주기 때문이다.

로마서 1장에서 우선적으로 언급되고 있는 사실은, 이제 하나님의 의(義)가 계시되었다는 것이다. 2장은 이 사실에 대한 증거와 사람의 상태를 설명하고 있다. 3장에서 사도 바울은 우선적으로 유대인의 특권을 설명하고 있다. 그리고 나서 바울은 유대인으로서 당신이 자랑하는 것이 바로 당신을 정죄하고 있다고 말한다. "우리가 알거니와 무릇 율법이 말하는 바는 율법 아래 있는 자들에게 말하는 것이니."(롬 3:19) 이제 모든 사람이 다 하나님의 심판 아래 있다. 그리고 나서 바울은 의의 문제로 돌아간다(21절). 모든 사람에게 부족한 것은 하나님의 임재 가운데 설 수 있는 자격이 없다는 것이며, 그 결과 하나님의 영광에 이르지 못한다는 것이다. 이것은 이미 "율법과 선지자들에게 증거를 받은 것"이다(21절). 선지자들은 우리의 의로움이신 주님을 증거했을 뿐이지만, 지금은 하나님의 의가 나타났다. 이제는 율법 외에 하나님의 의가 나타난 것이다. 바울은 비록 의에 대해 말하고 있긴 해도, 그리스도의 피를 믿는 믿음 이상을 넘어가지 않는다. 그리고 나서 구약성도들을 예로 든다.

죄들의 사함을 가져다주는 피를 통한 화목제물

"그리스도의 피를 믿는 믿음으로 말미암는 화목제물"은 공의로우시고 거룩하신 재판장이신 하나님을 충족시켰다. 사람이 누군가에 죄를 짓거나 잘못을 했다면, 그에겐 화목이 필요하다. 하나님은 화목제물을 준비하시되, 그리스도를 화목제물로 정하셨다. 하나님은 구약성도들을 오래 참아주셨다. 하지만 이제 그리스도의 피 흘림을 통해서 구약성도들의 죄들도 사함을 받았고, 이로써 하나님의 의가 나타났다. 이제는 하나님의 의(義)가 계시되었을 뿐만 아니라, 그 하나님의 의가 오늘날 예수 그리스도를 믿는 자에게 전가된다.

이제 바울은 아브라함과 다윗을 예로 들어서 그들도 이 증거를 증언하고 있음을 설명한다. 게다가 바울은 칭의 또는 의를 얻는 문제를 죄 사함 이상 확장하지 않고 딱 거기서 멈춘다(롬 4:3-5). 칭의 외에 많은 진리가 있지만, 바울은 더 이상 진도를 나가지 않는다. 로마서의 초반부에서 의롭다고 여김을 받는 것은 죄 사함을 받는 것과 같다. 화목제물은 무엇을 위한 것인가? 바로 우리가 지은 죄들을 위한 것이다. 하나님은 재판장으로 재판석에 앉아 계시고, 사람은 하나님 앞에 죄인으로 서 있다. 그리스도의 죽음은 하나님을 영화롭게 해드렸다. 하나님께서 옛 사람이 지은 죄들을 어떻게 제거하셨는지, 그 방식을 이해하는 것은 너무나 중요하다. 죄들이 제거되지 않는다면 화평도 있을 수 없기 때문이다. 하지만 하나님이 그리스도 안에서 새 사람을 만드시는 것은 전혀 별개의 주제이다. 즉 그리스도 안에서 새 사람이 되는 것은 에베소서가 다루는 주제이다.

195

우리는 로마서 1-8장에서 두 가지 별도의 복을 볼 수 있다. 첫 번째 복은 로마서 5장 1-11절에 있으며, 두 번째 복은 로마서 8장에 있다. 로마서 8장에서 우리가 하나님에 대해서 찾을 수 있는 것보다, 오히려 우리는 로마서 5장에서 하나님에 대한 더 수준 높은 것들을 볼 수 있다. 로마서 5장은 하나님이 죄인에 대해서 어떤 분이신가를 말한다. 로마서 8장은 하나님이 그리스도 예수 안에 있는 새 사람에 대해서 어떤 분이신가를 말한다. 로마서 5장에서 하나님은 자신의 성품 속에 내재해 있는 절대적인 선하심으로 충만하신 분으로서 계시되고 있다. 왜냐하면 로마서 5장은 하나님께서 그 자신 앞에서 유죄상태에 있으며, 하나님의 영광에 이르지 못하는 죄인을 다루고 있기 때문이다.

하지만 성도는 로마서 8장에서, 더 높은 자리에 들어가 있다. 거기서 하나님은 나를 위하신다*. 로마서의 첫 번째 부분, 즉 로마서 5장까지는 하나님께서 죄인을 의롭다고 하시는 칭의자로 소개한다. 두 번째 부분, 즉 로마서 8장은 아바 아버지로 소개한다. 첫 번째 부분은 로마서 5장 11절에서 끝난다. 주제는 하나님께서 죄인이 지은 죄들과 더불어 죄인을 어떻게 다루시는가에 대한 것이다. 그리고 나서 우리는 두 번째 부분에 이르게 된다. 첫 번째 부분은 경험과는 아무 상관이 없다. 이 부분에서 나는 나의 죄짐(sins)이 해결되는 것을 본다. 이것은, 우리가 로마서 5장에서 보는 것처럼, 매우 행복한 감정을 일으킨다. 두 번째 부분은 전부 경험에 대한 것이다. 그래서 "정죄함이 없게 되는 것"(롬 8:1)이다. 이 구절은 죄인에게 해당되는 것이 아니라, 신자에게 해당된다. 로마서 4장에서, 우리는 "주께서 그 죄를 인정치 아니하실 사람은 복이 있도다"(8절)는 하나의 사실을 본다. 그렇다면 이 사람은 하나님 앞에서 아무 흠도 없게 된

---

* 로마서 8장 31-39절은 하나님이 나를 위하시는 내용이 무엇인지, 일곱 가지를 소개하고 있다. 1) 하나님이 나를 위하시기에 아무도 나를 대적할 수 없다. 2) 하나님은 모든 것을 나에게 은사로 주신다. 3) 나는 하나님의 택함을 받은 자이기에 아무도 나를 송사할 수 없다. 4) 그리스도 예수께서 하나님 우편에서 나를 위하여 간구하시기에 아무도 나를 정죄할 수 없다. 5) 아무도 나를 그리스도의 사랑에서 끊을 수 없다. 6) 이 모든 일에 나를 사랑하시는 이로 말미암아 넉넉히 이긴다. 7) 그 무엇도 나를 주 그리스도 예수 안에 있는 하나님의 사랑에서 끊을 수 없다.

것이다. 그리스도께서 속죄제물이 되어 주셨기에, 만일 당신이 그리스도를 믿는다면, 아무 죄도 당신에게 전가될 수 없다. 영혼의 살리심을 받는 것은 첫 번째 부분에 등장하지 않는다. 사람의 본성도 다루어지고 있지 않다. 다만 죄들(sins)과 그에 대한 치료법이 전부이다. 그래서 그리스도는 우리가 지은 죄들을(sins) 위해서 죽으셨다. 두 번째 부분에 와서야, 죄성(sin)과 그에 대한 치료법을 다룬다. 그래서 내가 그리스도와 함께 십자가에 못 박힐 필요가 있는 것이다. 이 모든 문제는 십자가에서 해결되었지만, 부활이 없이는 가능하지 않았다. 구원을 완성하는 일에 우리는 부활을 붙잡아야 한다. 부활은 구원을 완결한다. "주 예수를 다시 살리신 이가 예수와 함께 우리도 다시 살리사 너희와 함께 그 앞에 서게 하실 줄을 아노라."(고후 4:14) 성화와 칭의는 함께 언급되며, 성화가 칭의 이전에 온다. "너희 중에 이와 같은 자들이 있더니 주 예수 그리스도의 이름과 우리 하나님의 성령 안에서 씻음과 거룩함(sanctified)과 의롭다 하심(justified)을 얻었느니라." (고전 6:10)

첫 번째 부분에서 심판을 받은 것은 나무가 아니라 그 열매이다. 나무 자체에 대한 심판은 두 번째 부분에서 이루어진다. 로마서 3장에서 우리는 그리스도의 피에 대한 믿음을 볼 수 있다. 로마서 4장에서 우리는 부활의 하나님에 대한 믿음을 볼 수 있다. "만일 우리가 예수 우리 주님을 죽은 자 가운데서 살리신 하나님을 믿는다면 우리에게도 의를 전가시켜 주실 것이라."(24절, KJV 참조) 우리는 첫 번째 부분에서 자신이 지은 죄들 때문에 하나님의 심판 아래 있는 죄인을 본다. 하지만 그리스도께서 속량하는 죽음을 죽으셨고, 그 모든 죄들은 더 이상 우리에게 전가되지 않는다. 죄를 범한 사람이 있다. 그리스도께서 저를 위해 대신 죽으셨다. 하나님은 그리스도를 다시 살리셨고, 나는 그 하나님을 믿는다. 그 결과 나는 의롭다 함을 받았다. 의롭게 된 것이다. 칭의는 십자가에서 완성되지 않았다. 물론 우리가 그 십자가 사역의 결과에 의해서 의롭게 되는 것은 맞다. 하지만 내가 부활하신 그리스도를 볼 때까지는 진정 나 자신이 의롭게 되었는지 확신을 가질 수 없을 것이다. "그리스도께서 다시 사신 것이 없으면 너희의 믿음도 헛되고 너희가 여전히 죄 가운데 있을 것이요."(고전 15:17) 만일 나의 확신이 감옥에서 나온 것에 기초하고 있지 않다면, 나는 내가 의롭게 되었다고 말할 수 없다. 만일 내가 지은 죄 때문에 여전히 감옥에 수감되어 있다고 해보자. 내가 모든 죄값을 치렀을 때에야 나는 의롭게 된다. 만일 여전히 죄값을 치루고 있다면, 나는 아직 의롭게 된 것이 아니다. 여기엔 두 가지 사안이 있다. 빚을 다 갚아야 할 뿐만 아니라, 모든 빚을 다 갚고 나서 다 갚았음을 입증하는 서류에 서명해야 한다. 그리스도는 나를 의롭게 하기 위해서 십자가에서 사역을 완성하셨고, 나를 의롭다고 선언하기 위하여 부활하신 것이다. 그리스도는 우리 범죄함(offences)을 위하여 내어 줌이 되었다. 그리고 그리스도는 우리를 의롭다 하시기 위하여 살아나셨다.

196

그리고 나서 로마서 5장은 이렇게 시작한다. "그러므로 우리가 믿음으로 의롭다 하심을 얻었은즉 우리는 주 예수 그리스도로 말미암아 하나님과 화평을 누리고 있으며 또한 그로 말미암아 우리가 믿음으로 서 있는 이 은혜에 들어감을 얻었으며 하나님의 영광을 바라고 즐거워하느니라."(1,2절, KJV 참조) 여기서 우리는 과거, 현재, 그리고 미래를 볼 수 있다. 우리는 과거 일에 대해서 의롭게 되었고, 현재적으로 하나님과 화평을 누리고 있으며 또한 하나님의 호의 가운데 서 있다. 그리고 미래적으로 하나님의 영광을 소망하면서 즐거워한다. 화평, 호의, 영광, 이 외에 무엇을 더 바라는가? 이 세상을 사는 동안 온갖 고생을 다 할 것이지만, 그럼에도 하나님은 나를 항상 의롭다고 보신다니, 이 얼마나 큰 자비인가! 하나님은 의인에게서 눈을 돌리시는 법이 없다. 나는 이제 의로운 사람일 뿐만 아니라, 의인이다(창 6:9, 시 5:12, 마 13:43, 롬 5:19). 이제 나는 환난 가운데서도 즐거워할 수 있다. 나는 이 모든 일에 대한 열쇠를 가지고 있다. 나는 이 모든 과정을 통해서, 하나님이 의로우실 뿐만 아니라 나도 의롭다는 것을 배웠다. 칭의의 결과로, 내 속에 성령님이 계시게 되며, 이로써 하나님의 사랑이 내 마음에 부어진다(5절). 나는 이제 하나님을 기뻐할 수 있게 되었다. (로마서 3장에서 나는 하나님 앞에서 유죄상태였고, 나는 입을 막고 있어야만 했다.) 나 자신을 알뿐만 아니라 하나님도 알게 되었다. 하나님은 절대적인 선(善)하심 가운데 계신 분이시다. 화평은 기쁨 보다 더 깊고 강한 상태를 의미한다. 모든 것이 해결되었고 또한 나 자신이 하나님과 화목되었음을 아는 순간, 나는 화평을 누리게 된다. 탕자는 먼 타향을 떠나 집으로 돌아오는 동안 어느 정도는 기쁨을 맛볼 수 있었다. 하지만 아버지의 품에 안기고, 자신을 향한 아버지의 마음이 무엇인지 알기 전까지는 화평을 누릴 수 없었다. 이 모든 일은 개인적으로 이루어지는 일이다. 나는 내가 지은 죄들, 내가 누리는 화평, 그리고 나만 아는 기쁨이 있다. 당신에겐 당신의 것이 있다.

이제 로마서 5장 12절에 오면, 우리는 모든 것을 한꺼번에 볼 수 있다. 한 사람 때문에 모든 것이 파괴되었다. 우리는 먼저 사람의 행실을 보았다. 이제는 **사람의 상태**를 볼 차례이다. 아담은 우리 모두를 파멸상태에 빠뜨렸다. 이것은 개인의 상태라기보다는 온 인류가 처한 상태이다. 나는 하나님에게서 멀리 떠나 있었고, 하나님에게서 멀리 떠나있는 것이 편안한 본성을 가지고 있었다. 만일 하나님의 은혜를 아는 지식이 없이도 이 사실을 깨달을 수 있었다면, 사람을 절망상태로 몰아갔을 것이지만, 하나님은 그렇게 되는 것을 허락치 않으셨다. 은혜는 당신의 죄성을 죽이고자 작동하기 시작한다. 하나님은 이제 전혀 다른 차원의 것을 말씀하신다. 즉 "당신도 그리스도와 함께 죽었다"는 것이다. 하지만 나의 경험을 살펴보면, 나는 아직 죽지 않았다. 나는 이렇게 말할 것이다. "내 속에서 여전히 꿈틀거리는 죄성이 있음을 보는데, 내가 어떻게 죽었다고 말할 수 있습니까? 내 속엔 정욕이 있습니다."

우리 속에 있는 죄(sin)를 해결해준 속죄제물

197
로마서 5장 12절은 죄성(sin)에 대한 교훈을 시작한다. 내가 지은 죄들(sins)보다 사실은 내 속에 있는 죄성(sin)이 더 큰 문제이다. 이제 여기서 우리는 그에 대한 치료책을 볼 수 있다. 그리스도께서 내가 지은 죄들(sins)을 위해서 죽으신 것만 있는 것이 아니라, 나도 그리스도와 함께 십자가에 못 박힘으로써 죄성(sin)에 대해서 죽은 것도 있다. 이 교리는 "한 사람의 순종하심으로"와 "한 사람의 순종치 아니함으로"에 근거를 두고 있다. 아! 한 사람의 순종하심으로 내가 의롭게 된 것이라면, 나는 과거에 살던 대로 계속 그렇게 살면 되는 것인가? 아니다. 사도 바울은 말한다. "당신은 죽었다." 만일 내가 죽었다면, 어떻게 과거에 살아온 방식대로 그대로 계속해서 살 수 있단 말인가? 여기서 우리는 의롭다 하심을 받아 생명에 이르게 된, 생명의 칭의(justification of life)를 볼 수 있다(롬 5:18, KJV 참조). 우리는 이제 칭의가 가진 적극적인 측면을 보아야 한다. 즉 "그리스도 예수 안에 있는 자에게는 결코 정죄함이 없다"(롬 8:1)는 것이다. 우리가 이미 살펴보았지만, 로마서 5장 11절까지는 사도 바울이 로마서의 첫 번째 부분에서 다룬 주제의 결과로서 신자의 복됨이 무엇인지를 설명하고 있다. 즉 그리스도께서 우리의 죄들을 위해서 죽으신 결과를 다루고 있다. 마찬가지로 로마서 8장에서는 사도 바울이 로마서 5장 12절부터 7장 끝까지 로마서의 두 번째 부분에서 다룬 주제의 결과로서 신자의 복됨이 무엇인지를 다루고 있다.

다시 말해서, 첫 번째 부분은 죄인이 행한 것들을 다룬다. 두 번째 부분은 죄인 자체를 다룬다. 그 결과 두 번째 부분은 열납됨(acceptance)이란 주제, 즉 하나님이 우리를 그리스도 안으로 받아 주셨다는 주제와 연결되어있다. 의(義)의 전가는 한 사람을 의롭다고 여기는 것과 같은 것이 아니다. 만일 내가 김이라고 하는 사람의 빚을 대신 갚아주었다면, 김은 의롭다고 여겨진다. 하지만 의가 전가 되었다고 했을 때에는, 의롭다고 여겨지는 것 이상으로 나아가는 것이다. "율법이 없을 때에는 죄를 죄로 여기지 아니하느니라."(롬 5:13) 이제 모든 것이 선명해진다. 율법이 없는데 어떻게 사람이 율법을 어길 수 있는가? 당신은 이방인을 향해서 "당신은 다섯 번째 계명을 어겼소"라고 말할 수 없다. 왜냐하면 십계명은 이방인에겐 주어진 것이 아니기 때문이다. 호세아 6장을 보면, "저희는 아담처럼 언약을 어기고 거기서 내게 패역을 행하였느니라"(7절)는 구절을 볼 수 있다. 아담은 계명을 받았고, 그 계명에 순종하는 한 오래도록 살 수 있었다. 모세 아래서 이스라엘은 율법을 받았고, 그들은 율법을 지킴으로 살아야 했다. 하지만 아담으로부터 모세까지 율법은 주어지지 않았을지라도, 율법 없이 범죄한 사람들 위에 사망이 왕 노릇했다. 죄(sin)가 율법 있기 전에도 세상에 있었고 사람 속에 있는 죄가 왕 노릇했지만 율법이 없었기 때문에 죄를 죄로 여기지 아니했다. 그렇다면 여기엔 죄(들의) 사함이 있을 수 없다. 게다가 죄(성)은 사함 받을 대상이 아니다. 용서 받을 대상은 죄(sin)라고 하는 나무가 아니라, 그 나무가 맺은 열매에 해당하는 죄들(sins)이다. 죄성(sin)은 다만 정죄 받아야 할 뿐이다. 그래서 하나님은 "곧 죄를 인하여 자기 아들을 죄 있는 육신의 모양으로 보내어 육신에 있는 죄를 정죄"하셨던 것이다(롬 8:3). 죄성은 죽음에 의해서만 해결된다. 만일 사람이 죽으면, 죄(성)도 끝난다.

198

로마서 5장 15절을 보자. "그러나 이 은사는 그 범죄와 같지 아니하니 곧 한 사람의 범죄를 인하여 많은 사람이 죽었은즉 더욱 하나님의 은혜와 또한 한 사람 예수 그리스도의 은혜로 말미암은 선물은 많은 사람에게 넘쳤느니라." 은혜는 죄성만큼이나 거대한 측면이 있다. 은혜가 온 세상에 나타났고, 그 은혜의 선물을 받은 사람들에게만 은혜가 적용된다. 18절을 보라. "그런즉 한 범죄로 모든 사람이 정죄에 이른 것 같이 한 의로운 행위로 말미암아 많은 사람이 의롭다 하심을 받아 생명에 이르렀느니라." 하나님의 선물로서 한 사람의 의로운 행위가 모든 사람에게 나타났지만, 이것은 오로지 믿는 사람들에게만 주어진다. 로마서 3장 22절을 보라. "곧 예수 그리스도를 믿음으로 말미암아 모든 믿는 자에게 미치는 하나님의 의니 차별이 없느니라." 여기서 5장 18절의 대조점은 사람에게 있지 않고, 한 범죄와 한 의로운 행위에 있다. 의의 선물이 모든 사람에게 이르렀다. 한 사람 아담의 죄가 모든 인류에게 이른 것처럼, 마찬가지로 한 의로운 행위가 모든 사람에게 이르렀다. 그렇다면 생명의 칭의는 무엇일까? 여기서 우리는 칭의가 생명과 연결되어 있는 것을 볼 수 있다. 내가 지은 죄들이 용서되었을 뿐만 아니라, 나는 생명을 얻었다. 20절을 보자. "율법이 들어왔다." 율법은 사람에게 의로움을 요구했다. 하지만 "율법이 들어온 것은 범죄를 더하게 하려 함이었다." 죄성을 더하게 하려는 것이 아니라 범죄를 더하게 하려는 것이었다. 하나님은 죄성을 더하게 하신 적이 없다. 죄는 온 인류 위에 왕 노릇했고, 그렇게 죄가 넘친 곳에 은혜는 더욱 넘쳤다. 율법은 죄를 더욱 죄로 드러나게 했을 뿐만 아니라, 죄의 속성을 더욱 심화시켰다. 하나님의 권위가 개입되었지만, 무시당했다. 아이들은 그것이 죄인지 모르고 죄를 짓는다. 하지만 아버지가 그에게 금지명령을 내리면, 그 후부터 그 행위는 불순종이 된다. 로마서 2장 12절에서 율법 없이 "범죄한"이라는 단어와 요한일서 3장 4절에서 죄는 "불법이라"는 단어는 같은 단어이다. 그래서 "죄는 법이 없는 상태, 즉 무법주의(sin is lawlessness)"라는 뜻으로 이해할 수 있다.

히브리서 9장 26절 "(그리스도께서) 자기를 단번에 제물로 드려 죄(sin)를 없이 하시려고"는 무슨 의미인가? 나는 이 구절을 통해서 죄 자체가 제거됨으로써 의(義)가 거하는 새 하늘과 새 땅을 볼 수 있었다. 마찬가지 의미에서 요한복음 1장 29절은 그리스도를 "세상 죄(the sin)를 지고 가는 하나님의 어린 양"으로 말한다. 이 모든 일은 이루어졌지만, 아직 그 능력은 볼 수 없다. 요한일서 2장 2절은 온 세상을 위한 화목제물에 대해서 말한다. 다시 말해서 속죄의 사역은 이루어졌고, 그 피는 시은소에 발라졌다. 따라서 모든 죄 문제가 다 해결된 것이다. 히브리서 9장 26절과 28절을 보면 우리는 두 가지 요소를 볼 수 있는데, "죄(sin)를 없이 하는 것"과 "많은 사람의 죄들(sins)을 담당하는 것"이다. 우리는 이것을 대속죄일에 드리는 속죄 제사와 아사셀 염소를 통해서 볼 수 있다.

"두 염소를 위하여 제비 뽑되 한 제비는 여호와를 위하고 한 제비는 아사셀을 위하여 할지며 아론은 여호와를 위하여 제비 뽑은 염소를 속죄제로 드리고 아사셀을 위하여 제비 뽑은 염소는 산 채로 여호와 앞에 두었다가 그것으로 속죄하고 아사셀을 위하여 광야로 보낼지니라." (레 16:8-10)

속죄제로 드려진 제물의 피를 먼저 속죄소(또는 시은소)에 뿌리고, 그 다음 이스라엘 온 백성의 죄들은 아사셀을 위하여 제비 뽑힌 염소의 머리에 안수해서 넘긴다. 이제 속죄소에 뿌린 피가 죄인을 초청하는 근거이다. 나는 이제 죄인을 향해 이렇게 말할 수 있다. "그리스도께서 죽으셨고, 그 피가 속죄소에 뿌려졌으니, 당신이 하나님께 나오기만 하면 당신은 그리스도의 품에 영접될 것이오." 만일 그가 초청을 받아들인다면, 나는 그에게 더 많은 것을 말해줄 수 있다.

199

주 예수님은 죄(sin)를 없이 해주셨을 뿐만 아니라, 당신의 모든 죄들(sins)을 영원히 속죄해주셨다. 만일 당신의 입술로 그리스도께서 "나의 모든 죄들을 담당해주셨다"고 고백한다면, 그 모든 죄들은 단번에 영원히 사함을 받게 된다. 성경은 그리스도께서 세상의 죄들(sins)을 위해서 죽으셨다고 말하는 곳은 한 군데도 없다. 로마서 6장과 7장에 보면, 나는 죽었고 죄에서 자유롭게 되었다. 이제 나는 나 자신을 죽은 자로 여길 수 있다. 더 이상 나는 죽고 없다. 나는 지금까지 충분히 "나"로 살았다. 이제는 내가 사는 것이 아니라 그리스도께서 사신다. 만일 내가 그리스도로 말미암아 산다면, 나는 죽는 것도 그리스도로 말미암아 죽는 것이다. "내가 그리스도와 함께 십자가에 못 박혔나니 그럼에도 내가 사는 것은 내가 아니요 오직 내 안에 그리스도께서 사시는 것이라." (갈 2:20, KJV 참조) 한 청년이 빚을 졌지만, 그 청년의 아버지가 모든 빚을 갚아주었고, 자기 사업의 파트너로 삼았다. 이제 그 청년은 나의 사업 또는 나의 관심이란 말 대신에, 우리의 사업 또는 우리의 관심이란 말을 입에 달고 산다. 하지만 로마서에선 개인성이 여전히 유지되고 있다. 따라서 로마서에서는 그리스도와의 연합이란 주제를 볼 수 없으며 또한 "그리스도와 함께 일으킴"을 받았다는 구절도 찾아볼 수 없다. 로마서, 골로새서, 그리고 에베소서는 영적 진보의 세 과정을 보여준다. 로마서에서 우리는 그리스도와 함께 죽고 또 그리스도 안에서 살아난 것(dead with Christ and alive in Christ)을 볼 수 있다. 골로새서에서 우리는 그리스도와 함께 죽고 또 그리스도와 함께 일으킴(dead with Christ and risen with Him)을 받는 것을 볼 수 있다. 에베소서에서 우리는 허물과 죄들로 죽은 상태에서, 이제는 함께 살리심을 받고, 함께 일으킴을 받고, 그리스도 안에서 함께 하늘에 앉아 있는 것(rased up together, made to sit together in Him in heavenly places)을 볼 수 있다. 로마서에서 개인은 아담의 자녀상태에서 벗어나 하나님의 자녀의 특권을 얻은 자가 된다.

로마서 6장 16절을 보자. "너희 자신을 종으로 내주어 누구에게 순종하든지 그 순종함을 받는 자의 종이 되는 줄을 너희가 알지 못하느냐 혹은 죄의 종으로 사망에 이르고 혹은 순종의 종으로 의에 이르느니라." 이제 당신은 완전한 자유를 얻었다. 당신은 이제 무엇을 할 것인가? 당신은 과거에 죄의 노예였다. 이제는 자신을 하나님께 바치라. 로마서 7장에서 우리는 동일한 원리가 율법에 적용되는 것을 볼 수 있다. "그러므로 내 형제들아 너희도 그리스도의 몸으로 말미암아 율법에 대하여 죽임을 당하였으니 이른 다른 이 곧 죽은 자 가운데서 살아나신 이에게 가서 우리가 하나님을 위하여 열매를 맺게 하려 함이라."(4절) 그리스도의 몸으로 말미암아 율법에 대하여 죽임을 당한 나는 이제 죽은 자 가운데서 살아나신 그리스도와 연결되었다. 결론적으로 말해서, 당신은 율법과 그리스도 모두를 가질 수 없다. 6절을 보면 "이제는 우리가 얽매였던 것에 대하여 죽었다." 율법이 죽은 것이 아니라, 내가 죽은 것이다. 율법이 감옥을 지키는 간수라면, 나는 죄수이다. 사람들이 흔히 하는 실수는 죄수대신 간수를 죽이려고 하는 것이다. 간수는 죽지 않는다. 다만 죄수가 죽을 뿐이다. 이제 당신이 만일 뒤를 돌아본다면, 당신은 율법 아래 있는 한 사람의 상태를 보게 될 것이다. 이는 영혼이 다시 살아난 사람, 즉 거듭난 사람이 율법 아래서 당하는 체험이다. 로마서의 첫 번째 부분은 경험과는 아무 상관이 없었다. 하지만 이제 경험이 시작된다. 만일 무법주의 신앙노선에 있는 사람이 아니라면, 양심은 그를 율법 아래로 집어넣을 것이다. 율법 아래 있는 사람은 늘 "나는 이것을 해야 하고 또 저것을 해야 하는데." 라고 말만 할 뿐 선을 행하는 것은 없다.

흔히 하이퍼 칼빈주의자들은 사람을 로마서 7장에 집어넣고 거기에 가두어버린다. 그들은 로마서 3장을 소개하기도 전에 로마서 7장을 주입시킨다. 로마서 2장과 3장은 사람이 행한 범죄들을 다룬다. 로마서 7장은 사람 속에 무엇이 있으며 또한 사람은 어떠한 존재인지를 다룬다. 로마서 7장은 내가 행한 나쁜 행실을 다루는 것이 아니라, "내 속 곧 내 육신에 선한 것이 거하지 아니하는 줄을" 알게 해준다. 이것은 반드시 경험적으로 배울 수밖에 없으며, 결코 교리로 알 수 있는 것이 아니다. 여기서 우리 영혼은 세 가지를 배운다. 첫 번째, 나는 내 자신 속에, 즉 내 육신에 선한 것이 거하지 않는다. 두 번째, 나는 육신이 나 자신이 아니라는 것을 보게 되며, 육신을 미워하게 된다. 세 번째, 육신은 내 자신이 감당하기에 너무도 강하기 때문에 나는 육신에서 해방되고 싶은 강렬한 갈망으로 부르짖게 된다. 자기 자신을 온전히 아는 지식에 이르게 해주는 분은 하나님이시다. 그때에야 비로소 우리는 "오호라 나란 사람은 너무도 비참한 사람이로다 누가 나를 해방시켜줄 것인가?" 그리스도께서 개입하실 때, 우리는 로마서 8장에서 말하는 완전한 해방을 경험하게 된다.

거듭났지만 육신에 있는 사람과 해방을 통해서 그리스도 안에 있게 된 사람

200

로마서 7장 5절은 "우리가 육신에 있을 때에는"이라고 말한다. 많은 그리스도인들이 이 구절의 의미를 모르고 있다. 이는 과거의 상태를 말한다. 로마서 7장은 경험을 다룬다. 로마서 7장에는 우리 모두가 반드시 배워야하는 진리가 있다. 단지 이론적으로 아는 것이 아니라 경험을 통해서 배워야만 하는 진리인 것이다. 내가 지은 죄들이 사함을 받았다고 말하는 것은 경험이 아니다. 하지만 만일 당신이 경험을 이야기한다면, 나의 경험이 그에 대한 대답을 하거나 아니면 하지 못할 수도 있다. 우리가 경험을 통해 우리의 육신이 얼마나 나쁜가를 배우고, 나의 육신에 대해 절망감을 느끼지 않는 한, 우리는 육신대로 사는 삶을 포기하지 않을 것이다. 그런 사람은 자신이 육신대로 사는 지도 모른다. 나는 경험을 통해서 철저하게 "이제는 내가 사는 것이 아니요"라고 말하는 것을 배울 필요가 있다. 만일 내가 사는 것이라면, 나는 아담의 자녀로서 책임을 져야만 한다. 하지만 나는 이제 다른 사람, 곧 그리스도께서 내 안에 살게 할 수 있다. 내 속에 있는 육신은 죄 사함의 대상이 아니다. 죄 사함 받은 것으로 해결되는 것이 아니다. 내 속에서 죄를 짓도록 역사하는 힘(offending power)을 용서할 수는 없다. 나는 거기서 해방받기를 원할 뿐이다. 로마서에서 우리는 그리스도 안에서 사는 삶이 하나의 사실로 제시되어 있는 것을 볼 수 있다. 이에 대한 교리는 제시되고 있지 않다. 오히려 에베소서가 이 교리를 제시해준다. 우리가 더욱 영적인 사람이 될수록, 우리는 십자가가 가지고 있는 그 무한한 가치를 더욱 보게 될 것이다. 십자가의 죽음에 연합하는 것은 우리에게서 그리스도의 생명이 나타나는 길을 열어준다. "우리가 항상 예수의 죽음을 몸에 짊어짐은 예수의 생명이 또한 우리 몸에 나타나게 하려 함이라."(고후 4:10) 우리는 이것을 믿음으로 붙잡아야 하며, 항상 육신에 십자가를 적용해야 한다. 왜냐하면 나는 더 이상 육신에 있지 않기 때문이다. (그렇지 않다면 나는 십자가를 나의 육신에 적용하는 일을 할 수 없을 것이다.)

사람들은 미래에 지을 죄들까지 다 사함을 받았다는 말을 한다. 그리스도께서 죄들을 위해 죽으실 때에는 나의 모든 죄들이 다 미래에 속한 것이 맞다. 하지만 우리는 미래의 죄들에 대해선 말할 필요가 없다. 그것들로부터 나를 지켜줄 충분한 은혜가 있기 때문이다. 따라서 (미래의 죄들까지 다 용서하셨다는 것을 내세워) 죄를 짓는 문제를 가볍게 여겨선 안된다. 모든 사람은 진정 죄(sin)가 무엇인지를 배울 필요가 있다. 선악을 알게 하는 나무 때문에 생긴 모든 문제를 해결하신 그리스도는 이제 나에게 생명나무가 되어 주신다. 그렇다면 이 때에야 비로소 죄가 무엇인지를 배우게 된다.

로마서 1장부터 5장 11절까지는 하나님이 죄인을 사랑하시는 이야기이다. 로마서 5장 12절부터 8장까지는 하나님이 신자를 사랑하시는 이야기이다. 나는 죽고 이제 내 안에 그리스도께서 사시는 삶, 이것이 구원받은 그리스도인의 삶인 것이다.

Chapter 6
어떻게 부활 안에 있는 생명을 얻는가
Life in Resurrection

골로새서 3장 1-4절을 읽으시오.

62

그리스도인이 굳게 서있는 가장 위대한 원리는 생명과 관련되어 있으며, 특별히 그 생명의 근원이 무엇인가에 있다. 그리스도인은 죽은 자 가운데서 다시 살아난 사람이며, 그리스도와 함께 부활한 사람이다. 따라서 그 영혼이 다시 살리심을 받고 부활한 사람이 아니라면, 그리스도의 사람이 아닌 것이다. "아들이 있는 자에게는 생명이 있고 하나님의 아들이 없는 자에게는 생명이 없느니라." (요일 5:12) 모든 복과 위안은 부활 안에 있는 이 생명과 연결되어 있다. 따라서 이전 상태와 본래 타고난 자연적 상황을 영원히 뒤로 하고 새로운 지위 안으로 들어가는 것이 있다.

사도 바울은 "너희의 범죄와 육체의 무할례로 죽었던 너희를 하나님이 그와 함께 살리시고(quickened together) 우리에게 모든 죄를 사하시고"(골 2:13)라고 말했다. 그리고 골로새서 3장 1절에서 "그러므로 너희가 그리스도와 함께 다시 부활하였으면(risen with Christ)"이라고 말했다. 부활 생명이라는 새로운 원리는 여기서 시작된다. 즉 죄와 허물로 죽었던 사람이 그리스도와 함께 죽고, 그리스도와 함께 살리심을 받고, 그리스도와 함께 부활하게 되었을 때, 바로 이 때, 이 사람은 모든 일에서 그리스도와의 실제적인 동일시가 일어나게 된다.

에베소서 2장을 보면, 성경은 "허물과 죄로 죽었던 너희를 살리신 것은"(1절) "그의 힘의 위력으로 역사하심을 따라 믿는 우리에게 베푸신 능력의 지극히 크심이 어떠한 것을 너희로 알게"(19절) 하고자 하신 것이며, "그의 능력이 그리스도 안에서 역사하사 죽은 자들 가운데서 다시 살리셨다"(20절)고 말한다. 그리스도를 부활시킨 그 동일한 능력이 하나님의 백성들을 영적으로 부활시키는 일에 작용하고 있다. "긍휼이 풍성하신 하나님이 우리를 사랑하신 그 큰 사랑을 인하여 허물로 죽은 우리를 그리스도와 함께 살리셨고 … 또 함께 일으키사 그리스도 예수 안에서 함께 하늘에 앉게"(엡 2:4-6) 하신다.

이제 그리스도와 함께 살리심을 받은(being quickened with Christ) 그리스도인은 그리스도의 부활 생명을 가지고 있으며, 그리스도께서 지금 하나님 우편에 앉아 계신 것처럼 영생에 이를 때까지 그리스도 안에서 함께 하늘에 앉는 특권을 부여받았다. 이러한 지위를 받은 결과, 즉 이러한 지위를 우리 영혼이 알게 된 순간, 우리는 풍성한 기쁨과 위안 속으로 빠져들게 되며, "모든 기쁨과 평강을 믿음 안에서 충만하게 하사 성령의 능력으로 소망이 넘치게"(롬 15:13) 된다.

하지만 이러한 지위 속에 들어오지 않은 개인은 다만 자신이 범한 허물과 죄들에 침몰된 상태에 있게 되고, 그저 자아에 함몰되어 있게 된다. 그러한 사람은 다른 모든 사람처럼 죄인일 뿐이다. 그렇다면 그는 생각과 원리와 정서와 신분에 있어서 세상 죄인과 다를 것이 없다. 그는 정말 아무것도 아닌 존재이다. 어쩌면 그는 그저 세상 사람들처럼 겉으론 죄를 짓지 않는 사람처럼 보일 수 있다. 그는 예의를 차리며 자신을 억제하고 있을지도 모른다. 하지만 그런 사람은 어떤 상황에서도 다른 사람들처럼 똑같이 행동할 순 없다. 그는 세상 사람들처럼 큰 죄인으로 나타날 상황을 만들지 않을지는 몰라도, 여전히 그는 죄인일 뿐이다. 만일 그가 생각으로, 말로, 또는 행동으로 죄를 지었다면, 그 한 가지 사실만으로도 그는 죄인인 것이다. 나쁜 열매를 맺는다는 것은 나쁜 나무라는 증거이기 때문이다. 죄를 지으려는 성향은 어디서 오는 것일까? 외적인 환경의 문제가 아니다. 사람은 속에 없는 것을 산출해내지 못한다. "사람에게서 나오는 그것이 사람을 더럽게 하느니라 속에서 곧 사람의 마음에서 나오는 것은 악한 생각 곧 음란과 도둑질과 살인과 간음과 탐욕과 악독과 속임과 음탕과 질투와 비방과 교만과 우매함이니 이 모든 악한 것이 다 속에서 나와서 사람을 더럽게 하느니라."(막

7:20-23)

63

그렇다면 사람이 본래의 상태에 머무는 동안, 하나님과 하나 될 수 있는 길은 없다. 이로써 사람의 생명이 하나님을 떠나있음을 결정적으로 알 수 있다. 결국 아담의 생명이 아담으로 하여금 하나님의 존전에서 추방당하도록 했던 것이다. 실제적인 범죄가 있었고, 하나님에게서 분리가 일어나게 했다. 그리고 아담의 모든 후손들은 실제적으로 범죄를 저질렀다. 따라서 그들의 타고난 지위는 하나님에게서 떠나있는 상태에 처한 것이다. 그리스도와 함께 죽고 또 그리스도와 함께 부활함으로써 새로운 생명을 받은 사람을 제외하고는, 모든 사람이 하나님의 생명에서 떠나있다. 하나님의 생명에서 떠나 있는 것이, 바로 모든 개인의 지위와 신분이다. 아담에게서 난 모든 사람은 하나님 앞에서 추방당한 상태이며, 그것은 차별이 없다. 그래서 로마서 3장 22,23절은 "차별이 없느니라 모든 사람이 죄를 범하였으매 하나님의 영광에 이르지 못하더니" 라고 말하고 있다.

사람으로 하여금 다른 모든 죄들을 짓도록 이끄는 하나의 큰 죄가 있다면, 그것은 자신을 기쁘게 하려는 욕망이다. 이 욕망이 일단 발동하기만 하면, 사람은 어쩔 수 없이 죄인이 된다. 국가의 법을 하나라도 어기면, 그 사람은 범죄자로 낙인이 찍히는 것과 같다. 사람을 유죄상태로 만들기 위해서 우리는 그가 법령집에 있는 모든 법을 어기도록 할 필요가 없다. 한 가지 법령을 어긴 것만으로도,

그를 유죄로 만들기에 충분한 증거가 된다. 더 이상의 증거가 필요치 않다. 이러한 것을 우리 삶의 원리로 행동하고 있다면, 우리는 허물과 죄로 인해 영적으로 죽어 있는 것이다. 우리 속엔 생명도 없고 사랑도 없다. 우리 주님은 자신을 둘러싸고 있는 사람들을 향해서 "다만 하나님을 사랑하는 것이 너희 속에 없음을 알았노라"(요 5:42)고 말씀하셨다. 사람의 자연 상태 속에는 하나님과 조화를 이룰 수 있는 것이 없다는 것은 너무도 분명한 실제적인 사실이다. 이와는 반대로 미움과 적대감이 있을 뿐이다.

바로 이러한 것이 모든 인류가 속해 있는 위치(position)이다. 아담의 씨를 받은 사람은 아담의 죄와 연합을 이루고 있기에, 유죄상태이며 정죄 아래 있다. 아담에게 속한 사람은 하나님을 떠나 있으며, 적극적으로 하나님을 거절하는 세상에 속해 있기에, 하나님의 은혜로 불러냄을 받을 때까지 그 위치에 붙들려 있을 수밖에 없다. 그래서 그는 세상을 사랑하며, 세상에 속하기를 좋아하며, 세상의 일부가 되기를 갈망한다. 그의 범죄가 많던 적던, 그는 멸망의 길을 가고 있으며, 계속 그 상태에 머문다면 결국 그는 멸망을 받게 될 것이다. 이는 노아의 홍수 때 일어난 일과 같다. "홍수가 나서 그들을 다 멸하기까지 깨닫지 못하였으니."(마 24:39) 그 당시 세상에서 죄악을 먹고 마시던 사람들에겐 실제적으로 죄를 짓는 정도의 차이는 있었을 지언정, 죄를 짓고 있다는 사실에는 차이가 없었다. 어쨌든 노아와 그의 가족 외엔 구원받은 사람은 없었다. 모든 사람이 구원받기에 충분했고, 방주 주변에 많은 사람들이 모여 있었을지라도, 실제로 방주 안에 들어간 사람들을 제외하곤 모두가 멸망을 당했다. 소돔의 경우도 마찬가지이다. 많은 사람들이 하나님을 향해서 적대감을 공개적으로 표출하지 않았을지라도, 하늘로서 비처럼 내리는 불과 유황 속에서 오로지 롯과 두 딸만이 구원을 받았다. 어째서 그런가? 왜냐하면 모든 사람들이 하나님을 대적하는 일에는 아무 차별이 없었기 때문이다. 모든 면에서 하나님을 반대했고, 결과적으로 하나님의 존전에서 내어 쫓길 수밖에 없는 상태에 도달했기 때문이다.

64

만일 그렇다면, 우리는 세상에서 하나님 없는 상태에 있는 것이다. 하나님 없는 상태에서 영원히 지낸다는 것은 사실 완전한 고통 속에서 지내는 것이다. 세상이 비록 그 사실을 인지하지 못할지라도, 그것이 실제적인 세상의 현재 상태가 아니고 무엇인가? 미래의 일은 휘장으로 가리어 있다. 세상 사람들은 그저 쾌락과 오락과 이익과 그리스도를 거절한 세상을 추구하는데 여념이 없다. 하지만 휘장이 걷히게 되면, 그때에는 그들이 차지하고 있던 위치(their position)가 무엇인가 드러나게 될 것이다. 그리스도에게 속한 사람은 그리스도의 복(Christ's portion) 속으로 들어가게 될 것이다. 게다가 그리스도의 복락이 주는 즐거움을 만끽하게 될 것이다. 왜냐하면 그들은 지금 믿음으로 그리스도의 복을 보고, 지금 그 복을 얻고자 그리스도의 자리로 들어왔기 때문이다.

오로지 믿음에 의해서만 우리는 이처럼 엄청난 약속을 붙잡을 수 있다. 바로 지금이 믿음에 의해서 그리스도와의 연합을 나 자신의 것으로 만들 때이다. 이제 우리는 그리스도 안에 있는 자가 되는 영적인 이익을 알아야만 한다. 우리가 지금 믿음으로 아는 것이 실체화되는 시기가 오고 있으며, 그것도 신속히 오고 있다. 우리는 지금 살리심을 받았고, 일으킴을 받았으며, 그리스도와 우리의 동일시가 가져다주는 효력을 누릴 수 있다. 사도 바울이 "우리는 그 몸의 지체이며, 그의 살 중의 살이요 또한 뼈 중의 뼈라"(엡 5:30, KJV 참조)고 말한 대로, 그토록 가깝고도 영구적인 연합 속으로 들어갈 수 있다.

그리스도는 우리가 지은 범법 때문에 죽음 속으로 내려가셨으며, 거룩한 분이시지만 범죄자처럼 취급을 당하셨다. 그리스도는 죄의 형벌을 당하셨고, "사망의 진토에" 떨어지셔야만 했다(시 22:15). 그리스도는 죽음을 당하셨다. 그렇게 죽음을 통해서 죄를 제거하신 후, 그리스도는 다시 살아나셨다. 그는 부활하신 그리스도이시다. 부활하신 그리스도는 전에 죽으셨던 분이시다. 이제 우리가 관계를 형성해야 하는 분은 부활하신 그리스도이시다. 부활하신 그리스도는 이처럼 부활이 가져다주는 복된 상태를 진리의 성령에 의해서 우리에게 계시하신다. 그분은 인간의 굴레 속에 갇힌 인간을 위해 자신이 하신 일을 계시하신다. "죄의 삯은 사망"이라는 인간의 굴레에서 우리를 구원하시기 위해서 우리가 지은 죄들을 친히 감당하셨다. 그리스도는 십자가에서 죄를 지셨고, 하나님의 공의를 이루고자 자신을 희생제물로 바치셨다. 이는 "여호와께서 그로 상함을 받게 하시기를 원하셨기" 때문이었다(사 53:10).

65

이제 그리스도인이 믿음의 닻을 내릴 지점이 있다. 즉 그리스도의 고난과 희생을 하나님이 기뻐 받으셨고 또한 승인하셨다는 사실을 인지하는 것이다. 그럴 때 우리는 예수님께서 당하신 고통과 형벌을 느끼게 된다. 이렇게 우리 영혼 속에 스며드는 고통은, 예루살렘의 딸들이 십자가를 지신 그리스도를 보고 비통해하며 애처롭게만 느낀 것처럼, 전례 없었던 그리스도의 고난에 대해서 아무런 개인적인 관심도 없이, 그저 외적인 인지만으로 애처롭게 생각하는 감정과는 근본적으로 다르다. 오히려 주님은 그들을 향해 "예루살렘의 딸들아 나를 위하여 울지 말고 너희와 너희 자녀를 위하여 울라"(눅 23:28)고 말씀하셨다.

인간의 고통과 재앙을 보며 동정하는 마음에서 눈물을 흘리는 것은 하나님이 느끼셨던 감정과 마음을 공감하는 것이 아니다. 하지만 "여호와께서 그로 상함을 받게 하시기를 원하셨음"을 인지하게 되면, 우리가 지은 죄들에 대한 격한 슬픔과 그 모든 죄들을 제거하신 주님의 행사에 대한 기쁨이 함께 어우러져 우리 마음을 강타하게 된다. 이러한 것이 경건한 슬픔이며, "하나님의 뜻대로 하는 근심"(고후 7:10)이다. 이러한 슬픔은 우리 영혼으로 하여금 그리스도께서 "주께서 또 나를 사망의 진토에 두셨나이다"(시 22:15)라고 말씀하셨을 때, 그리스도께서 겪으셔야만 했던 재앙의 무게를 느낄 수 있게 해준다. 주님은 고난의 잔, 곧 우리의 죄로 인한 쓴맛으로 가득한 잔을 받으셨다. 그처럼 거룩하시고, 죄 없으신 분께서 맞으시고 상하시고 부서져야만 했다. 이 사실은 하나님께서 죄를 보시는 관점을 우리로 보게 해주지 않는가? 우리가 하나님을 죄를 제거하기 위해서 자기 아들을 내어주셔야만 했던 분으로가 아니라 그저 죄를 제거하시는 분으로만 보게 될 때, 우리는 그리스도의 십자가 고통을 그저 아무 느낌도 없이 대하게 될 것이다. 그렇다면, 어찌 십자가에 나타난 하나님의 은혜, 사랑, 그리고 자비를 온전히 그리고 제대로 이해할 수 있단 말인가? 하나님은 "자기 아들을 아끼지 아니하시고 우리 모든 사람을 위하여 내어 주셨다." (롬 8:32)

그리스도는 이를 테면, 순전히 인간의 분노에만 맡겨진 것이 아니었다. 그리스도는 그저 죄악된 아담의 후손들의 손에 상하고 다치도록 내맡겨진 것이 아니었다. 하나님은 그리스도에게서 그 온화하신 얼굴을 돌리셨고, 그 때문에 그리스도는 고통스럽게 "나의 하나님! 나의 하나님! 어찌하여 나를 버리셨나이까?"라고 절규하셔야만 했다. 이 사건을 미리 볼 수 있었던 선지자는 이사야 53장에서 이렇게 선언하고 있다. "그는 강포를 행하지 아니하였고 그의 입에 거짓이 없었으나 … 여호와께서 그에게 상함을 받게 하시기를 원하사 질고를 당하게 하셨도다." (사 53:9,10) 어째서 그런가?

거기엔 하늘과 땅 사이에 해결되어야만 하는 큰 문제가 있었기 때문이다. 하나님과 사람 사이에 해결되지 않은 거래가 있었다. 이제는 결단을 내려야만 하는 엄청난 협상이 진행 중에 있었고, 이것은 "천사들도 살펴보기를 원하는 것"이었다(벧전 1:12). 이 거래와 협상에 부속되어 있는 사안과 그에 따른 결과는 참으로 중요하고도 엄청난 것이었다. 여기서 우리는 "이는 내 사랑하는 아들이요 내 기뻐하는 자라"고 말씀하신 그리스도를 또한 "그로 상함을 받게 하시기를 원하신" 하나님 아버지의 마음을 이해할 필요가 있다.

66

이처럼 엄청난 비밀을 깨닫게 될 때, (신자 외에는 어느 누구도 이것을 영적으로 이해할 수 없다.) 영혼은 사망과 어둠의 상태에서 벗어나 생명과 빛의 세계로 옮겨지게 된다. 그리하면 어째서 아버지께서는 아들로 상함을 받게 하셔야만 했으며, 아들은 자원해서 그 십자가를 져야만 했던 이유를 보고 절감하게 될 것이다. 마침내 그리스도께서 "지금 내 마음이 괴로우니 무슨 말을 하리요?"(요 12:27)라고 부르짖으셔야만 했던 고통을 느끼게 될 때, 신자는 비로소 그리스도 속에 있었던 영혼의 괴로움을 친히 경험하게 된다. 그리스도께서 "하나님이여 나를 구원하소서 물들이 내 영혼에까지 흘러 들어왔나이다"(시 69:1)고 외치는 음성을 듣고 또 그리스도께서 "심히 놀라시며 슬퍼하사 말씀하시되 내 마음이 심히 고민하여 죽게 되었으니"라고 말씀하시는 것을 보게 될 때, 그때 신자는 그 고통을 영으로 느끼게 된다. 그는 보고, 느끼고, 믿게 된다. 그리고 그러한 것을 통해서 그리스도께서 나를 사랑하신 증거를 보면서, 기뻐하며 즐거워하게 된다.

이 모든 고통은 다 무엇을 위한 것인가? 죄, 바로 죄 때문이다. 죄의 결과를 우리 대신 지기 위해서 그토록 모진 고난과 고통을 당하셔야만 했다니, 죄는 얼마나 끔찍스러운 것인가! 만일 우리가 그러한 진노를 받아 마땅한 죄인이 아니라고 할 것 같으면, 이 모든 것은 과연 누구를 위한 것일까? 만일 우리 개인이 지은 죄들이 그처럼 중대한 것이었다는 사실을 인정하지 않는다면, 그러한 사람들에겐 예수님에게 내려진 공의로운 심판이 내려져야 마땅하다. 예수님께서 우리 자신의 죄를 대신 지셨다면, 그렇다면 예수님은 그 죄에 대한 형벌을 우리 대신 받으신 것이다. 만일 우리가 이렇게 예수님이 십자가에서 짊어 지신 죄들이 우리 자신의 죄란 사실을 보지 못하고 있다면, 죄에 대한 형벌이 장차 우리 자신에게 내려질 것이다. 그렇다면 우리의 죄가 그리스도와 연결되어 있다는 이해를 결여하고 있는 것이다. 만일 당신이 '나는 그리스도의 영혼 속에 있었던 괴로움을 전혀 알지 못할뿐더러 알고 싶지도 않습니다. 그러한 것은 나의 감정과 상태를 표현하고 있지 않습니다.' 라고 말하고 싶다면, 당신은 비참하고, 곤고하고, 죄악된 사람들에게 선물로 주시는 영원한 생명의 약속과는 아무 상관도 없는 사람이다. 만일 당신이 '그 약속은 나와는 아무 관계가 없습니다' 라고 말할 수 있다면, 당신은 이렇게 말하고 있는 셈이다. 즉 '나는 나 자신을 그처럼 어마 무시한 심판을 받아야 하는 존재로 생각지 않습니다. 나는 나 자신을 그처럼 나쁜 사람으로 보지 않습니다. 나는 다른 사람들처럼 나쁜 사람이 아닐뿐더러, 죄는 나에게 무거운 짐이 아닙니다.' 그렇다면 그리스도께서 감당하셨던 이 모든 고통과 슬픔과 재난은 당신과는 아무 상관도 없는 것이다.

만일 그리스도의 고통을 보고도 심히 놀라고 슬픈 마음이 들지 않는다면, 당신에겐 십자가에 못 박히신 그리스도가 아무 것도 아닌 것이다. 하지만 만일 우리가 진정 진리를 보았고 또 받아들였다면, 그리스도의 죽으심은 바로 나 자신이 지은 죄들에 대한 삯을 지불하신 것이 된다. 만일 우리가 그리스도의 고난과 죽음의 의미를 제대로 이해했고 또 나를 위한 것으로 받아들였다면, 우리는 그리스도의 죽음을 우리 자신의 것으로 주장할 수 있을 뿐만 아니라, 그리스도의 부활은 우리 영혼을 다시 살리며 다시 소생시키는 능력으로 작용하게 될 것이다.

67

만일 우리가 그리스도를 우리가 지은 죄들의 결과를 대신 감당하셨고, 우리를 위해 사망의 자리로 내려가신 분으로 보았다면, 만일 우리가 나무에 달리신 그리스도를 자기 백성들의 무거운 죄짐을 담당하시고, 자기 백성들을 대신해서 사망의 진토, 곧 무덤에 내려가신 분으로 경험적으로 이해했다면, 만일 우리가 믿음으로 그리스도를 그 보배로운 피로서 우리의 모든 죄들을 제거하시고 또 없이 하신 분으로 보고 있다면, 그렇다면 우리는 우리가 지은 모든 죄들이 사함을 받는 영광스러운 특권 속으로 들어가게 된다. 비록 우리가 지은 죄들이 그리스도를 사망의 진토에 들어가게 했지만, 그 모든 죄는 그리스도를 그곳에 잡아둘 수 없었다. 왜냐하면 "그가 사망에 매여 있을 수 없었기" 때문이다(행 2:24). 그리스도는 죄를 이기고 승리하셨기에 부활하셨다. 그리스도는 더 이상 죄 문제가 자기 백성 또는 자신에게 문제를 일으키지 않도록, 완전히 제거해버리셨다. 더 이상 죄를 향한 하늘의 진노가 일어나지 않도록 죄를 말소시켜 버리셨다.

이제 무덤은 그리스도께서 죽으셨음을 우리에게 증거해준다. 즉 그리스도는 죄를 없이 하셨을 뿐만 아니라 죄와 모든 원수를 이기고 부활하셨다. 자기 백성들의 모든 죄는 무덤에 묻혔고, 영원히 해결되었다! 죄에 대한 형벌이 이루어졌고, 더 이상 심판할 죄가 없을 때까지 심판이 집행되었다. 이로써 영원한 공의가 이루어졌다. 죽은 자 가운데서 살아나신 그리스도는 이제 하나님의 공의와 진리가 영원히 충족되었으며, 공의로우신 하나님께서 만족하셨다는 소식을 위한 영원한 증인이 되셨다. "한 푼이라도 남김이 없이 갚지 아니하고서는 결코 거기서 나오지 못하리라"(눅 12:59)는 말씀대로, 만일 속죄되지 않은 죄가 하나라도 남아 있었다면, 그리스도의 부활은 없었을 것이다. 율법이 요구하는 죄에 대한 낱낱의 형벌이 다 치러졌기에, 영원한 공의가 온전히 충족되었다.

더 이상 죄에 대하여 요구할 것도, 더 이상 필요한 것도 없게 되었다. 이 모든 일은 하나님의 목적과 계획과 결정과 완전한 일치를 이루고 있다. 우리는 우리가 지은 모든 죄들을 시인했고, 참회하면서 또한 수치심을 느끼면서 자백했으며, 애통한 마음을 느꼈다. 우리 죄를 담당하신 예수 그리스도께서 하늘로 올라가셨으며, 하나님의 진노를 받은 자로서 그 끔찍한 자국을 하나님 앞에 내보이셨다. 이제 하나님은 더 이상 자기 백성의 죄를 향해 진노하시지 않는다. 이는 하나님과 죄 사이의 문제가 영원히 해결되었기 때문이다.

더 이상 하나님의 자녀에게 죄 때문에 당하는 고통이란 없다. 죄에 대한 소송은 영원히 해결되었다. 이제 신자는 죄를 향한 하나님의 분노와 정죄에서 자유를 얻은 자 되었다. 신자는 그리스도와 함께 부활한 사람이다. 신자는 자신의 죄가 구주 하나님에 의해서 제거되었음을 아는 사람이다. 신자는 전에는 범죄한 자로서 유죄상태에 있었다. 하지만 이제는 자신의 죄가 영원히 속죄되었음을 안다. 만일 이 사실을 모르는 사람이라면, 그리스도께서 당하신 고난이 자신의 죄와는 아무 상관이 없을 거라고 생각할 것이며, 죄들에 대한 속건제물이 되어 주신 그리스도의 죽음은 자신이 지은 죄들 가운데 아무런 죄도 속죄해주지 못할 것이다. 그리스도의 죽음은 자신의 죄와는 아무 관계가 없기 때문이다. 반면 자신이 그리스도와 함께 부활했음을 아는 신자는 자신의 모든 죄가 사라졌고, 잊혀졌으며, 더 이상 기억되지 않는다는 것을 잘 알고 있다. 신자에게 자신이 지은 죄들은 더 이상 문제가 되지 않는다. 이러한 지위에 들어온 우리는 "모세의 율법으로 너희가 의롭다 하심을 얻지 못하던 모든 일에도" 의롭다 하심을 얻은 상태에서 하나님의 존전 앞에 서있을 수 있게 되었으며(행 13:39), 그리스도와 함께 부활한 자로서 의롭게 된 상태에서 하나님 은혜의 보좌 앞으로 언제라도 나아갈 수 있을 뿐만 아니라 죄와 상관없이 구원을 바라보는 자격을 얻은 자 되었다.

68

그렇다면 누가 능히 하나님께서 택하신 자들을 고발할 수 있는가? 의롭다 하신 이는 하나님이시다. 누가 정죄할 수 있는가? 죽으셨을 뿐 아니라 다시 살아나신 이는 그리스도 예수이시다. 이제 그리스도의 사람들은 그리스도 안에서 온전함을 입었으며, 여기 이 땅에서 그리스도와 연합되는 은총을 통해서 하나가 되었다. 이 얼마나 견고한 평안의 토대이며, 이 얼마나 크게 기뻐할 일인가! "예수는 우리가 범죄한 것 때문에 내줌이 되고 또한 우리를 의롭다 하시기 위하여 살아나셨느니라."(롬 4:25) 이제 우리는 이처럼 어마어마한 거래가 모두 우리를 위한 것이며, 우리가 바로 이 거래의 수익자인 것을 볼 필요가 있다. 이로써 우리는 그리스도께서 성육신하시고, 고난을 받으시고, 또 죽으신 이유를 보게 된다. 이 모든 것이 다 우리를 위한 것이었다. 우리를 위해서 그리스도께서 부활하신 것이었다. 믿음에 의해서 죄가 없으신 그리스도의 고난 속에서 나 자신의 구원의 여망을 보는 순간, 나 자신의 속량이 확실히 이루어진 것을 보는 순간, 우리는 그리스도께서 마셔야만 했던 그 잔을 맛보게 되며, 그리스도께서 죽으시고 또 고난을 받으신 모든 것에 우리 자신이 그리스도와 연합을 이루게 된다.

전에 첫째 아담의 후손으로서 "다른 이들과 같이 본질상 진노의 자녀"(엡 2:3)인 것을 보았던 것처럼, 이제 우리는 둘째 아담의 후손으로 전혀 다른 지위에 들어온 것을 볼 필요가 있다. 우리는 예외 없이 "다 치우쳐 함께 무익하게 되고", "의인은 없나니 하나도 없는" 세상 시스템에 속한 사람들이었고(롬 3:10,12), 또한 "악을 저지르기를 물 마심 같이 하는 가증하고 부패한 사람"(욥 15:16)이었다. 하지만 이제 신자는 "여호와께서는 우리 모두의 죄악을 그에게 담당시키셨다"고 당당히 말할 수 있다(사 53:6). 신자는 지금 전혀 다른 상태, 전혀 다른 시스템 속으로 옮겨졌다. 신자는 "죽은 자들 가운데서 그리스도를 일으키신 하나님의 역사를 믿음으로 말미암아 그 안에서 함께 일으키심을 받았다."(골 2:12) 신자는 하나님 아들의 음성을 들었고 살아났다. 즉 그리스도의 생명으로 살리심을 받은 것이다. 비록 이 생명이 지금 세대에 온전히 그 모습을 나타내지 않을지라도, 신자 속에 있는 생명은 여전히 실제적이고 참된 생명이다.

사람의 생명 보다 하나님의 생명이 더 참된 법이다. 하나님의 생명은 그저 이름도 아니고, 음성도 아니고, 개념도 아니고, 바로 영원한 생명이다. 지금 그리스도 속에 있는 바로 그 생명이며, 끝이 없는 생명으로서 우리도 그 생명을 가지게 되었다. "아들이 있는 자에게는 생명이 있다."(요일 5:12) 신자는 생명을 지금 가지고 있다. 생명을 소유하는 문제는 미래에 일어나는 일이 아니라, 지금 현재 일어나는 일이다. "아들을 믿는 자에게는 영생이 있다."(요 3:36) 그렇다면 신자는 이제 이처럼 놀라운 자비를 통해서, 이처럼 어마어마한 은혜를 통해서 자신이 영원한 생명을 소유하고 있음을 나타내도록 부르심을 받은 것이 아니겠는가? 그렇다. 그것이 신자의 거룩한 의무이다. 하지만 어떻게 그 일을 할 것인가? 사도 바울은 무엇보다 "위의 것을 찾으라"(골 3:1)고 말한다.

69

이제 주 예수 그리스도를 믿는 형제들이여, 그대도 이렇게 하고 있는가? 이전에 살았던 모든 것에 대해서 당신은 진정 죽었는가? 그렇다면 당신의 생명은 그리스도와 함께 하나님 안에 감추어 있으며, 당신의 눈에 보이지 않을 것이다. 하지만 "보지 못하고 믿는 자들은 복"(요 20:29)이 있다. 보이지 않을지라도, 확실한 생명이 있다. 우리 생명이신 그리스도께서 나타나실 때, 그때에 하나님 아들이 가지고 계신 생명을 주는 능력에 의해서 그 영혼의 살리심을 받은 사람들은 그리스도와 함께 나타나게 될 것이다. 그때 생명이 있는 자들은 그 생명의 영광이 나타날 것이며, "그리스도 예수 안에 있는 자에게는 결코 정죄함이 없다"는 말씀의 진가(眞價)가 나타날 것이다. 물론 이 구절은 생명이 있는 사람이라면, 지금도 경험할 수 있다. 이는 "하나님의 아들을 믿는 자는 자기 안에 증거가 있기"(요일 5:10) 때문이다. 그렇다. 생명을 가진 사람은, 그리스도의 사역의 결과로 완전한 수용(acceptance)과 칭의(justification)가 이루어졌을 뿐만 아니라, 신자에게 그리스도와의 동일시와 그리스도와 하나 되었음을 증거해주시는 등 이 모든 하나님의 진리를 증거해주시는 영원하신 성령을 (마음에) 모시고 있다.

이러한 것을 알고 기쁨을 누리는 신자는 이에 걸맞는 삶과 행실이 나타나게 되어 있다. 신자는 자신이 그리스도에게서 받은 이 새로운 생명에 합당하게 산다. 새로운 생명은 그에 맞는 열망과 정서와 기쁨의 대상을 가지고 있다. 우리 타고난 생명도 그에 맞는 호불호와 끌리는 것, 즉 "육신의 정욕과 안목의 정욕과 이생의 자랑"을 가지고 있다. 하나님의 생명도 마찬가지이다. 모든 원수를 이기고 승리하신 그리스도를 자랑하고, 하늘에서 그리스도와 함께 하게 될 거룩과 행복을 꿈꾼다. 이러한 것들이 우리 속에 새로이 자리를 잡게 된 우리의 목적이자 우리의 열망이다. 그러한 것들을 향해 우리 영혼은 자연스럽게 끌리는 성향을 띠게 되었다.

이제 어느 사람이 영광 중에 계신 그리스도와 함께 살아났다고 생각해보자. 과연 그 사람의 열망과 감정과 그리고 추구에 아무런 변화가 없을 수 있는가? 그리스도께서 주시는 생명을 받고 또 그리스도와 함께 살리심을 받은 사람들에게 무슨 일이 일어날까? 무엇보다 하나님의 영광이 그들의 유일하고도 최종적인 목표가 될 것이다. 그들은 아담이 상실해버린 생명이 아니라, 영원한 생명을 가지게 되었기 때문이다.

신자들이 누리는 특별한 기쁨은 예수께서 하나님 앞에 서있는 자리에, 자신도 서있다는 사실을 자각함으로써 온다. 신자는 하나님께서 예수님을 향해 가지고 계신 사랑에 참여한 자가 되었다. 그래서 그리스도께서는 이렇게 기도하셨다. "나를 사랑하신 사랑이 그들 안에 있고 나도 그들 안에 있게 하려 함이니이다." (요 17:26) 우리는 이러한 사랑을 예수 외에 어디서 찾을 수 있는가? 아버지의 품 속에 계신 유일한 독생자, 그리스도만이 이 사랑을 우리에게 알게 하신다. 그리스도는 자신이 직접 체험한 그 사랑을 우리 영혼에 알게 해주시며, 하나님께서 자신을 사랑하신 것처럼 우리도 사랑하셨음을 우리에게 말씀하신다.

70
이러한 것이 그리스도인의 지위(position of the Christian)이다. 이러한 지위는 엄청나게 복되고, 영원한 복으로 둘러 싸인 지위이다. 이 지위는 그리스도께서 하나님 앞에 서있는 자리로서, 죄가 전가되거나 또는 죄의 그림자가 전혀 없이, 온전히 의롭게 되어, 그 동일한 사랑으로 사랑을 받을 수 있는 자리이다. 이것은 참으로 경이로운 복이다. 신자들을 그리스도 자신이 누리는 행복과 자신과 함께 하는 복됨 속으로 이끌어 들이시는 것이 그리스도의 기쁨이자 즐거움이다. 영원하신 보혜사를 통해서 그리스도를 계시하고 또 아버지를 알게 함으로써 우리 영혼이 이처럼 거대하고 측량할 수 없는 특권을 알고 누리게 하는 것이 그리스도께서 가장 기뻐하시는 일이다. 이처럼 엄청난 영적인 특권을 누리지 못하도록 방해하는 많은 장애와 및 육신의 연약함과 우리의 부패한 몸에도 불구하고, 신자의 영혼 속에서 약동하는 은혜가 모든 것을 이기고 승리하게 해주며, 그리스도께서 선언하신 "내 아버지 곧 너희 아버지, 내 하나님 곧 너희 하나님"을 믿음에 의해서 경험할 수 있는 자리로 들어가게 해준다. 그리스도께서 받으신 고난을 통해서 이루신 일의 결과로, 신자가 모든 정죄에서 자유롭게 되어 하나님의 임재 가운데 서있을 수 있는 것은 모든 불법이 사하심을 받았고 화목이 이루어졌으며, 영원한 의를 받았기 때문이다. 이제 믿음은 이것을 자신에게 이루어진 사실로서 받아들인다. 믿음은 하나님의 공의가 만족되었음을 인지하며, 이렇게 나타난 하나님의 사랑을 기뻐한다. 믿음은 하나님의 공의와 하나님의 사랑에 닻을 내리며, 그 두 가지를 기뻐하며 산다.

이제 당신은 이것을 믿는가? 만일 그렇다면, 무슨 실제적인 효력이 나타나야 하는 것인가? 당신은 세상을 향해 죽었는가? 아니면 세상을 향해 죽은 자가 되고 싶은가? 그리스도처럼 세상을 향해 죽는다고 생각하니, 그것이 고통스러운가? 이 세상에 있는 것과 세상을 향한 열망과 추구를 가지고는 하늘에 들어갈 수 없다. 세상은 하늘나라와 같지 않고, 세상에는 하늘나라에 속한 것이 전혀 없다. 어찌 보면 그러한 것이 세상에 내려진 심판이다. 주님이 하늘에서 오셨을 때, 사람들은 주님을 세상 밖으로 추방시켜버림으로써 이미 그 사실을 입증했다. 하나님께는 한 아들이 있었고, 하나님은 하늘에서 사람들을 시험코자 한 가지 일을 준비하셨다. "이제 한 사람이 남았으니 곧 내가 사랑하는 아들이라 최후로 이를 보내며 이르되 내 아들은 존대하리라."(막 12:6) 하지만 그들은 그리스도를 존대하지 않았고, 그리스도를 영접하려고도 하지 않았다. 사람들은 그리스도를 싫어했다. 그리스도는 그들이 바라던 복이 아니었다. 그래서 그들은 그리스도를 십자가에서 죽여 버렸다.

이제 우리는 세상을 복으로 삼던지, 아니면 그리스도를 복으로 삼던지 둘 중 하나를 선택해야 한다. 주님을 자신의 복으로 삼은 사람은 복이 있다! 세상의 금빛 찬란한 모든 장난감을 향해 죽은 사람은 복이 있다. 사탄은 우리를 덫으로 옮아매기 위해서 그러한 장난감을 세상에 흩뿌려놓았다! 모든 신령한 복과 아버지 사랑의 충만은 그리스도 안에 있다. 그리스도는 세상 모든 것에 대해서 죽으신 구주이시다. 조만간 그리스도는 더 이상 숨겨진 보화가 아니라, 만천하에 보화 중의 보화로 나타나실 것이다. 하지만 지금 그리스도는 세상에서 자기 사람들을 모으고 계시며, 천하 만국에서 사람들을 불러내는 일을 하고 계신다. 아직 죄인들을 처벌하지 않으시고, 다만 끊임없는 인내와 오래 참으심으로 회개하고 돌아오길 기다리신다. 하지만 마지막 성도가 교회 속으로 들어오게 되면, 그리스도께서 영광 중에 나타나실 것이다. 그리스도의 재림은 지금 여기서 그리스도의 이름을 고백하고, 그리스도의 진리를 증거하며, 그리스도를 위하여 세상 모든 것을 기꺼이 포기할 줄 아는 기쁨을 누렸던 성도들에게 영광을 가져다줄 것이다. 세상이 겪게 될 환난과는 전혀 다른 장면이 하늘에서 펼쳐질 것이다. 그토록 성도들이 기다려온 것이 그때 실현될 것이다. "피조물이 고대하는 바는 하나님의 아들들이 나타나는 것이라."(롬 8:9)

71

당신은 이것을 믿는가? 만일 그렇다면, 당신은 거기에 합당하게 행동하고 있는가? 당신은 하늘을 바라보며, 주의 영광스러운 재림을 소망하는가? 당신은 그리스도를 못 박은 세상에 대해서 죽은 자라는 의식 속에서 사는 사람인가? 당신이 "나는 그리스도와 함께 부활했습니다"라고 말할 때, 그리스도를 못 박은 세상의 모든 것을 미워하고 또 싫어하는 의식을 가지고 그렇게 말하는 것인가? 아니면 말만 그렇게 할 뿐, 실상은 심판받은 세상을 여전히 사랑하고 있지는 않은가? 당신은 세상을 좋아하는 마음을 아직도 버리지 못하고 있는 것은 아닌가?

당신은 세상을 심판하는 자리에 앉을 자격을 갖추었는가? 왜냐하면 하나님의 말씀이 "성도가 세상을 판단할 것을"(고전 6:2) 선언하고 있기 때문이다. "그리스도 예수의 사람들은 육체와 함께 그 정욕과 탐심을 십자가에"(갈 5:24) 못 박은 사람이다. 그리스도의 사람들은 그리스도와 함께 이 땅에서 "참으면 또한 함께 왕 노릇 할

것이다."(딤후 2:12) 그러므로 "위의 것을 생각하고 땅의 것을 생각하지 말라."(골 3:2)

만일 당신이 그리스도와 연합을 이루고 있다면, 연합이 가져다 준 특권 가운데 행하라. 그리하면 "우리 생명이신 그리스도께서 나타나실 그 때에 너희도 그와 함께 영광 중에 나타나게"(골 3:4) 될 것이다.

Chapter 7
어떻게 성령을 받는가?
The Three who are Witnessing:
"The Spirit, and the water, and the blood"

요한일서 5장 6-21절을 읽으시오.

294

하나님의 아들께서 세상에 오셨지만, 세상에 의해서 십자가에 못 박히셨다. 이로써 세상에 대한 시험은 끝났다. 세상이 하나님의 아들을 십자가에 못 박아 죽인 이래로, 하나님은 더 이상 세상에서 선한 것을 찾으시려는 소망을 가지실 수 없게 되었다. 예수님은 "의로우신 아버지여 세상이 아버지를 알지 못하여도 나는 아버지를 알았사옵고"(요 17:25)라고 말씀하실 수밖에 없었다. 하나님의 아들을 십자가에 못 박아 버린 일은, 세상이 더 이상 하나님과 함께 할 수 있는 모든 가능성을 절단해버린 것이었다. 따라서 세상은 성도들이 이겨야할 대상이 되어버렸다. 사도 요한은 "예수께서 하나님의 아들이심을 믿는 자가 아니면 세상을 이기는 자가 누구냐?"(요일 5:5)고 말했고, 이어서 "이는 물과 피로 임하신 이시니 곧 예수 그리스도시라"(요일 5:6)고 덧붙였다.

이로써 사도 요한은 십자가의 특성과 가치를 제시하고자 한다. 그래서 예수 그리스도를 "물과 피로 임하신 이"로 소개하고 있다. 물과 피는 하나님 편에서 내어놓는 증거이며, 하나님이 제시하는 증언이다. 우리는 여기 요한일서 5장에서 "증거", "기록", 그리고 "증언"이란 단어를 계속해서 볼 수 있는데, 이 모두가 원어상 동일한 단어이다.

우리가 주목해보아야 할 구절이 있다. "또 증거는 이것이니 하나님이 우리에게 영생을 주신 것과 이 생명이 그의 아들 안에 있는 그것이라."(11절) 여기서 주목해야 할 것은 증거되고 있는 내용이다. 즉 하나님이 우리에게 영생을 주셨다는 것과 이 생명이 하나님의 아들 안에 있는 것이란 내용이 증언의 핵심이다. 이 생명은 첫째 아담 안에 있는 것이 아니라, 하나님의 아들 안에 있는 것이다. 사람 속에 있는 것도 아니고, 사람의 행위를 통해서 얻는 것도 아니며, 인간의 노력으로 획득할 수 있는 것도 아니다. 다만 하나님의 아들 안에 있는 생명은 그야말로 하나님의 선물이다. 하나님이 우리에게 선물로 주셨기에 우리가 이 생명을 소유하고 있긴 하지만, 그럼에도 이 생명은 우리 속에 내재하도록 주어진 것이 아니라 다만 하나님의 아들 속에(IN HIS SON) 있다는 점이다. 죽었던 우리 영혼이 다시 살리심을 받을 때, 이 생명은 우리 속에 들어오지 않는다. 그래서 그리스도는 "이는 내가 살았고 너희도 살아날 것임이라"(요

14:19)고 말씀하셨다. 이것은 변할 수 없는 사실이다. 만일 그리스도의 생명이, 정녕, 소멸되는 것이 가능하다면 우리 속에 있는 생명도 그렇게 될 것이다. 만일 그리스도께서 죽으실 수 있다면, 우리도 그럴 것이다. 하지만 만일 사망이 더 이상 그리스도를 좌지우지할 수 없다면, 우리에게도 마찬가지이다. 이를 생각해볼 때, 우리가 가지고 있는 생명이 가진 엄청난 가치와 복된 특징을 엿볼 수 있다. 왜냐하면 이 생명의 기원과 능력은 그리스도 안에 있기 때문이다. 이 생명은 본래 아버지 안에 있었는데, 아버지께서 아들에게도 주셨다. "아버지께서 자기 속에 생명이 있음같이 아들에게도 생명을 주어 그 속에 있게 하셨고."(요 5:26) 중요한 것은 그리스도께서 은혜를 통해서 우리의 생명이 되셨다는 것이다. 예를 들어보자. 나의 손가락도 생명을 가지고 있으며, 나의 생명이 손가락에게도 흐른다. 그렇긴 하지만 생명의 자리는 손가락에 있지 않다. 나의 손가락은 끊어질 수 있다. (나는 여기서 그리스도의 지체가 끊어질 수 있다는 가능성을 제기하는 것이 아니다. 그런 일은 있을 수 없다.) 만일 나의 손가락이 끊어질지라도, 생명은 여전히 나의 몸 안에 있다. 그런 의미에서 생명의 자리는 나의 손가락에 있지 않은 것이다. 사실 생명의 자리는 그리스도 안에 있다. "우리 생명은 그리스도와 함께 하나님 안에 숨겨져 있다."(골 3:3) 따라서 모든 생명의 특징과 모든 생명의 교통은 "하나님의 아들 안에"라고 하는 복된 진실에서 흘러나온다. 이 생명의 특징은 하나님과의 사귐을 가능케 해준다는 데 있다. 따라서 그리스도께서 나의 생명이시다. 우리 영혼에 힘과 위안을 가져다주는 가장 중요한 요소이면서, 하나님 안에서 가장 축복된 기쁨을 만끽하게 해주는 요소는 우리의 생명이 무엇인가를

바르게 이해하는 것이다. 왜냐하면 우리가 소유하게 된 실제적인 생명이 무엇인지를 제대로 이해하기 전까지, 중생에 대한 우리의 생각은 절대적으로 불완전할 수밖에 없으며, 이 생명이 하나님의 아들과 우리를 연결하고 있다는 점, 이 생명은 이전에 소유한 적이 없었던 것이란 점, 그리고 이 생명 덕분에 아버지와 함께 하는 사귐을 가지게 되었다는 것이 무엇인지 온전히 알 수 없을 것이다. 하나님께서 우리에게 영생을 주셨으며, 이 생명은 우리 안에 있는 것이 아니라 "그의 아들 안에" 있다는 점을 기억하라.

295

우리는 그리스도께서 우리에게 무엇이 되어주셨는가에 대한 다양한 증거를 가지게 되었다. 고린도전서 6장 9-11절을 보면, 사도 바울은 이 세상의 오물과 같은 죄악들에 대해서 언급하면서, "너희 중에 이와 같은 자들이 있더니 주 예수 그리스도의 이름과 우리 하나님의 성령 안에서 씻음과 거룩함과 의롭다 하심을 얻었느니라"고 말하고 있다. 여기서 우리는 요한이 언급하고 있는 세 가지 증거하는 것, 즉 물과 피와 성령에 상응하는 바울의 증거를 볼 수 있다.

요한복음 19장 34절은 "그 중 한 군병이 창으로 옆구리를 찌르니 곧 피와 물이 나오더라"는 내용을 기록하고 있다. 피와 물이 죽으신 그리스도에게서 흘러나왔다. 따라서 우리는 여기서 사람과 하나님 사이를 연결하고 있는 끈이 끊어지게 된 것과 그것도 영원히 끊어지게 된 것을 볼 수 있다! "그의 죽으심은 죄에 대하여 단번에 죽으심이요."(롬 6:10) 그리스도께서 혈통관계 속에서 복을 주실 수 있는 모든 길이 이제는 완전히, 그리고 영원히 끝나버렸다. 만일 무슨 복이 남아 있다고 할 것 같으면, 그것은 죽으신 그리스도를 통해서 새로운 본성을 얻는 길 외엔 없게 되었다. 거듭남을 통해서 새로운 본성에 참여할 때에만, 하나님과 연결되고 또한 연합을 이룰 수 있다. 속죄, 정결, 생명은 오로지 죽으신 그리스도를 통해서만 우리의 것으로 소유하는 것이 가능하게 되었다. 만일 내가 깨끗해지길 (영적으로 목욕하길) 바란다면, 죽으신 그리스도를 통해서만 깨끗해지고 정결하게 될 수 있다. 왜냐하면 죽으신 그리스도에게서 (깨끗하게 해주는 신적 도구의 상징으로서) 물이 나왔기 때문이다. 그리스도께서 죽으시기 전까지, 하나님은 인간의 본성에서 무언가 선한 것이 나올 수 있을 것처럼 본성을 다루셨다. (사실 하나님은 사람의 본성을 다 알고 계셨지만, 우리를 가르치고자 그런 방식을 취하셨던 것이다.) 하지만 십자가를 통해서, 사람에게서 거절당하신 하나님의 아들을 통해서, 인간의 본성에서 선한 것이 나오는 것은 불가능하다는 사실이 입증되었다. 사람은 그저 (아담처럼) 낙원에서 쫓겨난 한 가련한 죄인, 그 정도가 아니다. 더 중요한 것은 사람의 상태이다. 사람은 죄로 인해서 하나님의 임재 밖에서 살아가야 하는 존재가 되었다. 그것이 사람의 상태이다. 게다가 사람은 자신의 악한 본성 속에 내재된 악한 의지와 에너지로 충만해져서, 하나님의 아들을 세상에서 몰아내어 버렸다.

296
십자가는 사람의 본성이 옳고 의로운 일을 행하는데 전적으로 무능하다는 것을 보여준다. 이것은 우리를 지극히 낮추는 말이긴 하지만, 참으로 복된 말이다. 하나님은 이렇게 말씀하셨다. "하늘이 할 수 없다. 땅이 할 수 없다. 율법도 할 수 없다. 하지만 나에겐 하늘에 유일한 가능성이 한 가지 있다. 바로 나의 사랑하는 아들이 있다. 내가 그를 보내리라. 사람들이 그를 본다면, 그를 공경하리라." 하지만 사람들은 그리하지 않았다. 사람의 의지는 세상을 하나님 없는 세상으로 소유하는 것이었다. 이것은 사람들이 항상 원하는 바이다. 사람은 결코 하나님을 원하지 않는다. 이 일은 절정에 달했다. 장차 기독교계의 실상은 이렇게 드러나게 될 것이다. 만일 당신이 세상에서 쾌락을 추구하고 싶다면, 당신은 결코 세상에서 하나님을 만나고 싶지 않을 것이다. 만일 세상 쾌락에 취해 흥청망청하는 자리에서 하나님을 뵙게 된다면, 얼마나 당혹스러운 일이 될 것인가? 그렇다면 당신은 이렇게 말하는 사람과 똑같다. "이는 상속자니 자 죽이자 그러면 그 유업이 우리 것이 되리라."(막 12:7) 물론 당신은 당신 손으로 하나님의 아들을 죽이고자 하진 않을 것이지만, 당신 마음에서 그를 몰아낸 것도 사실이 아닌가? 사람이 가진 큰 능력들이 더욱 발전되는 그 날이 오고 있다. 사람들은 세상을 하나님 없이도 잘 살 수 있는 곳으로 만들고자 더욱 노력하고 있다. 모든 것이 잘 되고 있다고 사람들이 자축하며 세상의 모든 나라들이 하나가 되는 기쁨을 나눌 때가 오고 있다. 그때 사람들은 "평안하다 안전하다"고 노래할 것이다. 하나님이 없는 세상을 꿈꾸는 것이 사람의 의지가 작용하는 방향이며, 사람의 의지가 내뿜는 에너지이다. 사람들은 철학, 상업, 정치의 발전과 세상의 평화를 꿈꾸지만, 인간의 마음 속엔 이러한 자기 아집의 결과가 초래하게 될 끔찍스러운 결말에 대한 두려움을 안고 있다. 이러한 것이 성경이 말하고 있는 명백한 역설이다. 사람들이 그처럼 평화를 부르짖는 외침은 "세상에 임할 일을 생각하고 무서워하는"(눅 21:26) 일과 결합되어 있다. 사람들은 이것을 반박하고 싶겠지만, 그럴 수 없다. 사람들은 예외없이 상업과 예술과 과학을 자기 아집의 에너지로 세우고자 애쓰는데, 과연 누가 어느 민족의 상태를 바꾸는 일을 하고자 할 것인가? 사람은 자신의 아집을 주장하길 좋아하지만, 자기와 연관된 사람이 아집을 부리는 것은 싫어한다. 하지만 그리스도인은, 세상에 관한 문제는 그리스도를 거절하는 것으로 결판났다는 것을 배운 사람이다. 세상이 그렇게 그리스도를 거절한 순간, 우리는 더 이상 세상과 관계할 것이 없게 된 것이다.

297

하나님과 사람 사이의 문제는 자유의지에 따른 사람의 결정으로 해결되었다. 그 결과 사람은 낙원에서 추방되었을 뿐만 아니라 하나님의 아들이 오셨을 때, 그를 십자가에 못 박아 버렸다. 이제 은혜가 들어왔다. 그리스도인은 하나님의 아들을 거절한 세상 밖으로 나가, 그 아들 안에만 있는 생명을 얻은 사람이다. 이러한 것이 하나님의 증언 속에 담긴 의미이다. 게다가 이것이 바로 하나님께서 우리에게 영생을 주셨고 이 생명이 그 아들 안에 있다는 의미인 것이다. 혼란과 소동으로 가득한 이 세상에서 나는 과연 어디서 평안을 얻을 수 있을까? 창에 찔리신 그리스도를 보는 순간 나는 죄가 용서되고 깨끗해지는 것을 경험할 수 있었다. 이 모든 것은 이론이나, 단지 교리에 불과한 것이 아니라, 실재이다. 나의 양심이 작동하기 시작하는 순간, 나는 나 자신이 본질상 하나님에게서 떠나 있는 존재임을 발견하며, 내 속에 있는 육신의 생각이 하나님과 원수 상태에 있음을 보게 된다. 세상이 하나님의 아들을 십자가에 못 박았을 뿐만 아니라 내가 지은 죄들이 그분을 찔렀다. 이러한 깨달음은 순전히 개인 영혼 속에서 일어나는 일이다. 왜냐하면 이러한 과정을 거쳐야 개인 영혼들이 복을 받을 수 있기 때문이다. 하나님의 말씀이 나 자신의 악한 본성에 대해서 말하는 것을 실제적으로 믿음으로 받아들일 때, 자연스럽게 "나는 이제 무엇을 해야 하는가?"라는 질문이 일어난다. 나를 단순히 도덕적인 사람으로 만들어주는 것은 나는 하나님과 아무 관계가 없는 사람이라고 선언하는 것에 불과하다. 하지만 창에 찔리신 그리스도를 바라볼 때, 나는 하나님과 생명 관계를 맺을 수 있는 세 가지 증거를 가지게 된다. 사람이 하나님을 대적했던 가장 오만한 행위가 우리의 죄악을 깨끗하게 해줄 수 있는, 피와 물을 그리스도의 옆구리에서 흘러나오게 했다. 이렇게 생각해보자. 어제 내가 창으로 예수님을 찔렀는데, 바로 그 행위가 내 속에서 들끓었던 적개심을 사라지게 했다는 것을. 이 얼마나 경이로운 일인가! 그리스도의 옆구리에서 흘러나온 물과 피가 죄를 없이 했다는 것을 보기 전까지 나는 죄를 제대로 평가할 수 없을 것이다. 하지만 이제 나는 예수님을 찌른 그 자리에 영적으로 나도 거기에 있었다는 것을 깨닫게 되었다. 하나님을 향한 나의 적개심이 그 일을 한 것이다. 내가 지은 죄들이 그리스도를 찔렀다. 유대인들이 상속자이신 하나님의 아들을 죽였다고 말씀하신 분은 하나님이긴 하셨지만, 사실 그들의 마음은 거기에 동의만 했을 뿐이었다. 유대인들이 실제로 생명의 주를 살해한 것은 아니었지만, 베드로도 그들을 향해서 "너희가 법 없는 자들의 손을 빌려 못 박아 죽였으나"(행 2:23)라고 말했다. 그들은 당신과 마찬가지로 창을 들고 예수님을 찌르지 않았다. 하지만 영적으로 그들은 그리스도를 마음에 영접하기를 거절했다. 하나님은 지금 세상을 이렇게 대하신다. 세상을 향한 하나님의 물음은 이것이다. "내 아들에게 무슨 짓을 했는가?" 가인에게 물으셨던 것처럼 "네 아우 아벨이 어디 있느냐?"고 물으신다. 그들이 할 수 있는 유일한 대답은 "우리가 그를 죽였나이다" 이다.

메시아가 거절당한 그 순간, 유대인은 약속에 대한 모든 권리를 상실했다. 약속의 백성으로서 그들의 구원에 대한 모든 소망은 사라졌다. 이제 그들이 구원의 복을 얻고자 한다면, 그들은 죄인으로서 하나님 앞에 나아와야 하며, 그들의 죄는 그들 메시아께서 찔리신 옆구리에서 흘러나오는 피를 통해서만 사함을 받을 수밖에 없게 되었다. 이처럼 사람에게 부여된 모든 특권은 사라졌지만, 하나님은 영생을 주신다. 하나님은 사람의 마음을 자신에게서 돌려 (사람 마음 속에 죄악 외에 그 무엇이 있으랴?) 그리스도를 향하게 하신다. 나 자신의 죄가 그리스도를 살해하는데 기여했음을 생각해보았는가? 그렇다. 그렇게 흘린 피가 죄를 없이 했다. 왜냐하면 피가 그리스도의 옆구리를 창으로 찌른 사람을 깨끗하게 하기 때문이다. 우리는 죄 외에 아무 것도 아니다. 그렇다. 그리스도는 우리를 위해 죄가 되셨고, 죽으신 그리스도를 통해서 우리는 피가 우리의 모든 죄를 깨끗하게 씻어버렸다는 증거를 얻게 되었다. 피는 모든 죄를 완벽하게 속죄했다고 하는 증거이다. 그리스도는 "자기를 단번에 제물로 드려 죄를 없이 하셨다." (히 9:26) 사람은 여기에 기여한 것이 없다. 다만 그리스도께서 세상이 오셔서 죄를 없이 하는 사역을 이루신 것이다.

298

피 뿐만 아니라 물도 있다. 그렇다면 물은 무엇을 위한 것인가? 피가 속죄하는 일을 한다면, 물은 깨끗하게(정결하게) 하는 일을 한다. "이는 곧 물로 씻어 말씀으로 깨끗하게 하사 거룩하게 하시고." (엡 5:26) 피가 속죄한다면, 물은 깨끗하게 한다. 물은 동시에 생명을 주는 능력을 의미한다. 그래서 주님은 "사람이 물과 성령으로 나지 아니하면 하나님의 나라에 들어갈 수 없느니라"(요 3:5)고 말씀하셨다. 하나님의 영은 생명의 원천이시며, 생명을 주는 말씀을 우리에게 적용시키는 능력이시다. 실제적으로 말씀은 도구이며, 썩지 아니하는 씨이다. 게다가 말씀은 마음의 생각과 뜻을 드러내는 기능을 한다. 뿐만 아니라 우리에게 하나님의 생각을 전달하는 역할도 한다. 이러한 하나님의 증거들이 흘러나올 수 있었던 것도, 창으로 그리스도의 옆구리가 찔림을 당했기 때문이다. 따라서 그리스도의 십자가는 인간 본성의 죽음과 종말을 의미한다. 십자가는 인간의 본성을 개선하는 것이 아니라, 그리스도 안에서 모든 것을 죽은 것으로 간주하게 해주는 하나님의 도구이다. 그리스도께서 죽음을 선언하지 않으신 것은 세상에 전혀 없다. 세상을 향한 생각, 세상적인 욕심, 또는 세상을 향한 열망은 다 십자가에 묻혔다. 이로써 우리는 전혀 새로운 생각을 받아들일 수 있게 되었다. 즉 그 아들 안에 있는 생명을 통해서 "죄에 대하여는 죽은 자요 … 하나님께 대하여는 살아 있는 자로" 여길 수 있게 된 것이다. 실제로 정결하게 되는 일은 그리스도에게서 나오지 않은 모든 것에 사망을 선고함으로써 된다. 물이 정결하게 하는 도구이지만, 정결하게 되는 것(purification)은 죽으신 그리스도를 통해서 된다. 그리스도와 그리스도의 모든 생애는 사람이 따라야 하는 본이긴 해도, 우리가 정결하게 되는 일은 그리스도의 죽음이 가지고 있는 정결하게 하는 효력을 통해서만 된다.

이제 세 번째 것이 있다. 지금까지 내용을 요약하자면, 우리를 속죄하는 피와 정결하게 하는 물을 통해서 우리는 죄에 대하여 죽은 사람이 된다. 이제 하나님은 우리를 위한 말씀의 능력으로서 성령을 통해서 일하신다. 어쩌면 나는 나 자신을 죄에 대하여 죽은 자요 또한 정결하게 된 사람으로 보지 않을 수도 있다. 하지만 당신은 죄에 대한 미움이 생겼고, 그것은 당신이 죄에 대하여 죽은 자라고 하는 증거이다. "그가 죽으심은 죄에 대하여 단번에 죽으심이요 그가 살아 계심은 하나님께 대하여 살아 계심이니 죄에 대하여는 죽은 자요 그리스도 예수 안에서 하나님께 대하여는 살아 있는 자로 여길지어다."(롬 6:10,11) 왜냐하면 하나님은 우리가 우리의 것으로 삼은 것을 따라서 우리를 대우하시는 것도 사실이지만, 하나님이 우리에게 실제로 주신 것을 따라서 우리를 영원히 대우하시기 때문이다. 따라서 요한복음에 보면 주님은 "내가 어디로 가는지 그 길을 너희가 아느니라"(요 14:4)고 말씀하셨다. 이제 제자들은 그리스도께서 아버지께로 가는 참 길인 것을 알게 되었지만, 여전히 도마는 "주여 어디로 가시는지 우리가 알지 못하거늘 그 길을 어찌 알겠사옵나이까?"(5절)라고 말했다. 왜냐하면 제자들은 그 길을 자신의 것으로 삼지 않았기 때문이었다. 예수님을 믿는 즉시, 나는 나 자신을 죽은 자로 여기라는 부르심을 받는다. 죽으라는 것이 아니라, 죽은 자로 여김으로써 땅에 있는 나의 지체를 죽이라는 것이다. 율법 아래 있는 사람은 자신의 힘으로 죽고자 애쓸 것이지만, 결코 성공하지 못한다. 그리스도인은 이미 죽은 사람이며, 그 생명이 그리스도와 함께 하나님 안에 감춰진 사람이다. 그러므로 그리스도인은 하나님의 아들 안에 있는 생명의 능력으로 살면서 땅에 있는 지체를 죽일 수 있는 사람이다.

299

사도 바울은 땅에 있는 우리의 생명에 대해서 말하지 않았다. 왜냐하면 우리 생명은 하늘에서 그리스도와 함께 하나님 안에 감추어 있기 때문이다. 그래서 바울은 우리를 죽은 자로 대하지만, 땅에 있는 우리의 지체에 대해서는 죽이라고 말했다. 그는 결코 우리 자신을 죽이라고 말한 적이 없고, 다만 하나님의 증거를 믿음으로 받아들일 것을 강조하고 있다. 그러므로 나는 죽은 사람이라고 말할 수 있다. 왜냐하면 나는 그리스도와 함께 십자가에서 죽은 사람이기 때문이다. 그러면서도 나는 그리스도께서 세상에 계시는 동안 세상에 대하여 죽은 자로 사셨듯이, 나의 지체를 죽이고자 한다. 왜냐하면 하나님께서 나에게 말씀하시는 대로, 나는 죽은 사람인 것을 믿음으로 받아들였기 때문이다. 이것은 영혼의 평안을 가져다주는 매우 실제적인 교훈이다. 내가 다시 사신 그리스도를 믿는 순간, 나는 이 모든 것에서 해방을 받는다. 나는 죽고자 애쓰지 않는다. 왜냐하면 나는 능력의 비밀을 알고 있기 때문이다. 그것은 바로 나 자신을 죽은 자로 여기는 것이다. 물에 대해서 생각해볼 때, 실제적인 어려움이 있다. 나는 날마다 더러움 속에 사는데, 어찌 깨끗하다고 말할 수 있단 말인가? 하지만 나는 그리스도와 함께 죽었다고 말할 수 있다. 왜냐하면 나는 나 자신을 죽이는 일에 성공하지 못할 것이기 때문이다. 그리스도를 믿는 순간, 그리스도께서 구주로서 하신 모든 일은 나의 것이다. 하나님은 그것을 나에게 적용시켜주시며, 나의 것으로 만들어주신다. 나는 그것들을 내 것으로 만드는데 때로는 실패할 수 있지만, 그럼에도 그 보화들은 여전히 나의 소유이다.

어떤 사람들은 "나는 그리스도의 사역이 가진 가치와 효력을 다 믿지만, 나의 것으로 만들 수가 없습니다"라는 말을 한다. 누가 그렇게 하라고 요구하던가? 그것을 적용시키는 일을 하는 것은 하나님이시다. 만일 당신이 그 가치와 효력을 믿는다면, 하나님이 그것을 당신에게 적용시켜 주신다. 우리가 그리스도를 믿는 순간, 우리는 "그가 내 것을 가지고 너희에게 알리시리라"(요 16:15)는 말씀대로 증거하는 일을 하시는 성령님을 소유하게 된다. 아들께서 하나님의 뜻을 행하러 오셨고 또한 다시 하늘로 돌아가셨을 때, 바로 아들의 승천의 결과로 성령님께서 제3위 하나님으로서 지상에 강림하셨다. 그 이후 성령님은 항상 지상에 계신 분으로 언급되고 있으며, 이는 하나님 교회의 독특하면서도 참된 특징을 부여해준다. 여기서 우리는 진리를 증거하기 위해서 지상에 임한 세 번째 증인으로서 성령님을 보게 된다. 믿는 순간, 나는 약속의 성령으로 인침을 받는다. 그리스도인으로서 좋은 열매를 맺는 모든 것은 성령으로 인침을 받은 결과이다. 완전한 구속이 이루어진 결과, 제3위 하나님이신 성령님께서 이 세상에 오신 것이다. 성령님이 교회의 구속과 교회의 영광 사이에 강림하신 것처럼, 지상에서 교회는 구속의 완성과 장래의 영광 사이에 놓이게 되었다.

300

그리스도와 함께 죽은 자라는 지식은 나에게, 나 자신을 육적 본성과 죄와 세상과 율법에 대하여 죽은 자가 되었다는 정결한 마음을 준다. 피를 통해서 나는 완전한 평안과 선한 양심을 가지게 된다. 그때 성령님이 하나님께로부터 나의 마음에 임하신다. 하나님의 증거를 받아들인 결과, 우리는 하나님과의 완전한 화평을 소유하게 된다. 이제 나는 구속과 관련된 전체 이야기를 다 다루었으며, 모든 요소들을 설명했다. 내가 지은 죄들은 다 사라졌다. 피가 그 모든 죄들을 속죄했기 때문이다. 나는 이제 죄에 대하여 죽은 자요 하나님을 향해서는 살아 있는 자이다. 그리스도를 상처 내었던 십자가는 새로운 세계로 들어가는 문이 되어 주었고, 성령님은 거룩한 열매를 맺을 수 있게 해주는 능력으로 내 속에 거하신다. 지상에서 하나님의 증거는 셋이다. "증언하는 이가 셋이니 성령과 물과 피라 또한 이 셋은 합하여 하나이니라."(요일 5:7,8) "하나님의 증거는 이것이니 그의 아들에 대하여 증언하신 것이라."(9절)

우리 마음은 끊임없이 하나님이 주시는 증언을 바라볼 필요가 있다. 하나님은 우리 자신에 대한 증거가 아니라 자기 아들에 대한 증거를 주신다. 만일 하나님께서 우리에 대한 증거를 주고자 하셨다면, 그것은 우리의 죄와 마음의 불신앙에 대한 것뿐일 것이다. 오늘날 불신앙의 시대에서 하나님이 증거를 주신다면 그것은 자기 아들에 관한 것이며, 또한 하나님의 아들께서 죄인을 위하여 무슨 일을 하셨는가에 관한 것임을 보는 것은 정말 중요하다. 만일 당신이 그것을 믿는다면, 평안을 얻게 될 것이다.

만일 나의 거룩성에 근거해서 하나님 앞에서 서고자 한다면, 이러한 자세는 자기의(self-righteousness)에 기초하고 있는 것이며, 그렇다면 나는 하나님에게서 아무 인정도 받을 수 없을 것이다. 하지만 만일 나의 영혼이, 하나님이 자기 아들에게 주신 증거에 기초해서 하나님 앞에 서게 된다면, 나는 하나님에게서 인정을 받게 될 것이다. 내 속에 이러한 믿음을 가질 때, 나는 내 영혼 속에 확실한 것을 가지고 있게 된다. 예를 들어, 아그립바 왕 앞에 서있는 바울을 보자. "말이 적으나 많으나 당신뿐 아니라 오늘 내 말을 듣는 모든 사람도 다 이렇게 결박된 것 외에는 나와 같이 되기를 하나님께 원하나이다."(행 26:29) 바울은 자기 영혼 속에 계신 그리스도가 하늘에 계신 그리스도라는 철저한 의식을 가지고 있었고, 이러한 의식 가운데 그토록 행복감을 누렸으며, 모든 사람들이 자신과 같이 (결박된 것 외에) 그 속에서 영생하도록 솟아나는 샘물이신 그리스도를 소유하기를 바랬다. 성도에게 천국을 천국 되게 하는 것은, 자기 영혼 속에 있는 그리스도가 하늘에 계신 그리스도와 동일한 그리스도라는 사실을 발견하는데 있다. 무신론자들의 아무리 간교한 이론과 술책도 자기 영혼 속에 그리스도를 받아들인 영혼을 건드리지 못한다. 나 자신이 그리스도 안에서 행복을 누리고 있을진대, 무신론자의 지성적인 설득이 나의 확신을 흔들 수 없다. 만일 어느 누가 그리스도는 없다고 말한다 해도, 나의 영혼이 주 안에서 행복을 만끽하고 있을진대, 나는 그 사람을 믿지 않을 뿐더러 그 사람의 말에 신경쓰지도 않을 것이다. 게다가 나에게 무슨 지성적인 근거나 논리적인 설명은 없을지라도, 내 영혼의 행복과 그리스도를 향한 내 마음의 훈훈함이라는 도덕적 증거는 분명히 내 속에 가지고 있다. 나 자신이 그리스도 안에서 완벽한 행복을 누리고 있으며, 장차 하늘나라에 갈 것이라는 내적인 확신은 대부분의 사람들을 설득하고도 남음이 있는 것을 항상 경험한다. 당신도 그런가? 그들은 이렇게 말한다. "나도 그렇게 말할 수 있으면 정말 좋겠습니다." 무신론자들이 구하는 것은 무슨 논리적인 증거가 아니다. 단지 당신이 행복해하는 모습을 보는 것만으로도 그들에겐 충분한 증거가 된다. 사람 마음의 본질을 생각해보면, 그 속에 텅빈 공간이 있고, 그 공간을 그리스도로 채우기 전에는 그 무엇으로도 충족되지 않는다. 왜냐하면 그리스도가 없는 사람은, 그가 무슨 말을 할지라도 결코 행복하지 않기 때문이다.

301

"하나님을 믿지 아니하는 자는 하나님을 거짓말하는 자로 만드나니 이는 하나님께서 그 아들에 대하여 증언하신 증거를 믿지 아니하였음이라."(요일 5:10) 사람의 죄는, 하나님께서 자기 아들에 대한 증거를 주실 때 그 증거를 믿지 않음으로써 하나님을 거짓말하는 자로 만드는 것이다. 사람들은 당신이 "나는 구원받았다"고 말할 때 당신과 싸우고자 한다. 그들은, "당신이 그것을 어찌 아느냐?"고 따진다. 그 말인즉, 하나님은 사람에게 그 무슨 복도 주실 수 없다고 말하는 셈이다. 이는 불쌍한 죄인에게 하나님이 베풀어 주신 자비와 은혜에 대해서, 하나님의 능력을 문제 삼을 뿐만 아니라 하나님의 지혜를 폄하하는 것이다. 내가 느끼기엔, 이것은 성경에 대한 태도의 문제로 보인다. 즉 하나님의 백성들이 성경말씀을 가질 권리에 대한 것이라기보다는 그렇게 말씀을 주실 수 있는 하나님의 권리를 의심하는 것에 대한 것이다. 대역죄 정도로 큰 죄는 하나님의 백성들에게 하나님의 복음을 멀리하도록 하는 것이다. 이는 하나님의 백성들이 복음 말씀을 가질 권리에 대한 것이 아니라, 하나님이 그것을 주실 수 있는 권리에 대한 것이다. 그렇다면 하나님의 말씀 속에 있는 하나님의 생각을 전달하실 수 있는 하나님의 권리를 방해하는 것이 진정 문제이다. 하나님께서 계시를 주실 때마다, 사람은 그 계시를 받을 책임이 있다. 하나님은 하나의 증거를 주셨고, 그 증거를 통해서 하나님 아들의 영광을 나타내신다. 사람이 그 말씀을 논박하려들 때, 그는 우리를 사랑하시고 아끼시는 하나님 자신의 어떠하심을 따라서 우리에게 하나님 은혜의 증거를 주시는 하나님과 다투고 있는 것이다.

302

그리스도가 아니면 과연 누가 이처럼 불행으로 가득한 세상의 난제를 해결할 수 있는가? 하늘을 찌를 듯이 높이 솟은 고층 건물들로 가득한 도시의 도로와 길목에 가서, 최고 최상의 문명화된 나라가 몸살을 앓듯 겪고 있는 고질적인 문제들과 난제들을 직접 보고, 과연 죄가 무슨 일을 하는지를 생각해보라. 거실에서 당신은 세상이 무엇이며, 죄가 무엇인지를 철학적으로 생각해볼 순 있지만, 당신은 결코 거실에서 그것을 배울 순 없다. 하지만 당신이 하나님의 아들께서 이 세상에 오신 것은 이 모든 죄와 비참함 때문에 오셨고, 또 그 죄를 없이 하고자 오신 것이라고 말할 때, 그 때에야 당신은 세상과 죄를 비로소 이해할 수 있을 것이다. 하나님은 일순간의 삶만을 보장하는 생명 또는 아담처럼 죄를 지을 수 있는 생명이 아닌, 영원한 생명을 주신다. 이 영원한 생명은 하늘에 속한 삶을 살게 해주는 생명이며, 죄를 이기고 승리한 생명이다. 하나님의 아들 안에 있는 생명이며, 따라서 하나님과의 친밀한 사귐을 가능케 하는 생명이다. "이 생명이 그의 아들 안에 있는 그것이라."(요일 5:11) 하나님의 아들이신 그리스도는 항상 아버지의 기쁨의 대상이셨다. 그리스도께서 세상에 계실 때에도, 하나님은 그 기쁨을 표현하지 않으실 수 없었고, 그래서 "이는 내 사랑하는 아들이요 내 기뻐하는 자라"(마 3:17)고 말씀하셨다.

나에게 영생을 주신 하나님은 또한 나에게 신적인 본성과 영원히 하나님을 기뻐할 수 있는 능력을 주셨다. 나는 하나님과 연합을 이루고, 하나님과 친밀한 관계를 누리고, 하나님을 기뻐하는 자리에 들어왔다. 천사들은 그 본성상 거룩하긴 해도, 우리처럼 하나님을 기뻐하는 것이 무엇인지 알지 못한다. 하지만 우리는 "지식에 넘치는 그리스도의 사랑을 알아 … 하나님의 모든 충만하신 것으로" 충만하게 되는 것을 알 수 있을 정도로 하나님께 가까이 나아왔다(엡 3:18,19).

우리가 지은 죄들만 아니라, 우리 마음을 채우고 있는 허영심과 세속성까지도 깨끗하게 되어, 하나님과 함께 하는 복과 그리스도와 연합되는 자리에 들어오게 되었다니, 이렇게 우리가 서있는 자리는 참으로 경이로운 자리가 아닐 수 없다. 이 자리는 그야말로 그리스도께서 지금 하나님 앞에 들어가 계신 자리인 것이다! 그리스도께서 우리의 죄들을 대신해서 하나님의 진노를 감당하신 것은 이처럼 신령한 복으로 가득한 축복의 잔을 우리에게 주시기 위함이었다. 이 모든 것을 받고자 하는 사람에게 하나님은 마음의 단순함을 요구하신다. 사람은 자신이 아는 많은 것을 이야기할 수 있지만, 그리스도와 관계없는 지식은 아무런 효력을 발휘하지 못한다. 하지만 만일 우리 속에 그리스도를 소유하게 되면, 사탄은 결코 우리를 건드리지 못한다. 사탄이 다가온다 해도, 사탄은 우리 속에서 자신을 이기고 승리하신 그리스도만을 볼 수 있을 뿐이다. 비록 오늘 거듭난 성도일지라도, "나는 그리스도 안에서 모든 것을 가지고 있습니다"라고 말할 수 있을 뿐만 아니라, 그리한다면 그것은 참으로 달콤하고 복있는 일이다. 이제 성도는 누구나, "나는 그처럼 큰 죄인이긴 하지만, 피가 모든 죄를 없이 했기에, 나에게 있어 죄 문제는 영원히 해결되었습니다"라고 당당히 말할 수 있다.

303

"그를 향하여 우리의 가진 바 담대한 것이 이것이니 그의 뜻대로 무엇을 구하면 들으심이라." (요일 5:14) 이제 우리는 우리가 살아가야할 새로운 삶에서 일어나는 모든 일에 대해서 아무 걱정을 할 필요가 없다는 확신을 하나님 안에서 가질 수 있다. 이러한 것이 우리 구원받은 사람들이 하나님 안에서 가지고 있는 확신이다. 하나님의 귀는 항상 우리를 향해 열려 있기에, 우리가 무엇을 구하든지, 그것이 하나님의 뜻대로 구한 것이라면 응답을 받을 수 있다. 하나님이 항상 우리를 향해 귀를 기울이신다니 이 얼마나 놀라운 일인가! 그렇다면 우리는 하나님의 뜻에 반하는 것은 결코 구하지 않을 것이다. "우리가 무엇이든지 구하는 바를 들으시는 줄을 안즉 우리가 그에게 구한 그것을 얻은 줄을 또한 아느니라."(요일 5:15) 내가 무엇을 구하면 받을 것이란 사실을 통해서, 나는 하나님이 나를 사랑하신다는 것을 깨닫게 되었다. 만일 내가 하나님의 뜻을 행하는 일에, 이를 테면, 복음을 전하는 일에 진지하다면, 반드시 난관에 봉착하게 될 것이다. 왜냐하면 그 길에서 사탄이 방해하는 일을 하고 있기 때문이다. 그럼에도 나는 기도하기만 하면 된다. 하나님이 나에게 귀를 기울이고 계시기 때문에 나는 하나님의 모든 능력을 가지고 있는 셈이다. 만일 당신이 영적 싸움과 신앙생활의 어려움이 무엇인지 알고, 또 하나님이 항상 당신에게 귀를 기울이시는 것을 복으로 아는 가운데 당신이 하나님의 뜻을 행하고 있다면, 당신은 항상 하나님의 뜻을 행하는 일에 성공할 것이다.

"사망에 이르는 죄가 있으니 이에 대하여 나는 구하라 하지 않노라."(요일 5:16) 여기서 말하는 사망은, 하나님이 자기 백성을 다스리시는 통치의 일환으로 일종의 징계를 의미한다. "사망에 이르지 아니하는 죄도 있도다."(17절) 만일 합당한 중보기도가 있다면, 하나님은 우리를 용서하실 것이다. "너희 중에 병든 자가 있느냐 저는 교회의 장로들을 청할 것이요 그들은 주의 이름으로 기름을 바르며 위하여 기도할지니라 믿음의 기도는 병든 자를 구원하리니 주께서 저를 일으키시리라 혹시 죄를 범하였을지라도 사하심을 얻으리라."(약 5:14,15) 당신이 나에게 사망에 이르는 죄가 무엇이냐고 묻는다면, 어느 죄라도 가능하다고 대답하고 싶다. 아나니아와 삽비라의 경우를 통해서 볼 때, 그것은 거짓말을 하는 것일 수도 있다. (베드로는 그들을 위해서 기도하지 않았다.) 스데반의 경우를 보면, 그는 "주여 이 죄를 저들에게 돌리지 마옵소서"(행 7:60)라고 기도했다. 고린도 교회에는 "이러므로 너희 중에 약한 자와 병든 자가 많고 잠자는 자도 적지 아니했다."(고전 11:30) 교회의 영적 혼돈상태는 하나님의 징계를 가져온다. 성도들이 무기력하여 성령의 능력을 좇아 행하지 못하는 일이 있다 해도 더욱 주님을 의지하기만 하면, 우리를 향한 주님의 성실하심이 우리를 지키고 보호하실 뿐만 아니라 계속 죄를 짓도록 내버려두지 않으신다. "하나님은 그 눈을 의인에게서 돌이키지 아니하시기"(욥 36:7) 때문이다.

이제 거룩의 능력을 좇아 행하길 바란다. 그리하면 우리는 죄와 갈등하는 일을 겪지 않을 것이며 또한 주님의 징계하시는 손 아래 놓이지도 않을 것이다. 하나님의 은혜 속에서 하나님과의 친밀한 사귐을 풍성히 누리는 우리 모두가 되길 빈다! 아멘.

Chapter 8
어떻게 그리스도와 함께 하늘에 앉는가?
Raised and seated together

에베소서 2장을 읽으시오.

에베소서 2장에는 우리가 특별히 살펴볼 필요가 있는 두 가지 주제가 있다. 첫 번째 주제는, 하나님이 우리를 함께 일으키셨고 또 그리스도 예수 안에서 하늘에 함께 앉히셨다는 것이다. 두 번째 주제는, 하나님께서는 여전히 이 땅에서 성령으로 말미암아 거하실 처소를 가지고 계신다는 것이다. 이 땅에는 성령님으로 말미암아 하나님이 거하시는 처소로 건축되어 가고 있는 하나님의 집이 있다.

사람을 다루시는 하나님의 방법에는 두 가지 요소가 있다. 하나는, 첫째 아담에 속한 책임이고, 다른 하나는 마지막 아담을 통해서 이루고자 하시는 하나님의 목적이다. 하나님은 우리에 대해서 분명한 목적을 가지고 계신다. 우리는 하나님 아들의 형상을 본받도록 예정함을 입었을 뿐만 아니라, 또한 예정을 통해서 하나님의 아들들이 되었다.

하나님은 분명한 계획을 가지고 계셨고, 둘째 아담을 통해서 그 일을 이루고자 하셨다. 이 모든 것은 세상의 기초를 놓기 전에 계획되었고, 십자가를 통해서 두 가지 일이 이루어졌다. 십자가는 우리가 타락했고 또 잃어버린바 된 존재임을 입증했을 뿐만 아니라, 우리로 하여금 하나님의 아들이 되어 그리스도께서 들어가신 것과 동일한 영광에 들어갈 수 있는 기초를 놓았다. 로마서는, 로마서 8장의 끝부분에 있는 두 세 구절을 제외하면, 이 두 가지 사실 가운데 첫 번째를 다루고 있으며, 에베소서는 전반적으로 두 번째를 다룬다.

로마서는 먼저 죄인을 다룬다. 하지만 전적으로 다른 측면에서 죄인을 다룬다. 로마서는 나를 죄인으로 대하면서, 내가 지은 죄들에 대한 책임 있는 존재로 다룬다. 그리스도께서 이 죄들을 해결해 주셨기에, 하나님은 나를 자신의 아들처럼 동일한 영광에 들어가게 하실 수 있다. 에베소서는 이 마지막 부분을 다룬다. 게다가 사람의 상태를 다른 측면에서 접근한다. 로마서에서 우리는 죄들 가운데 살아 있는 존재로 다루어지며, 그래서 유대인이나 이방인이나 길고도 긴 악행의 목록을 가지고 있고, 온 세상은 하나님 앞에서 유죄상태에 있다. 로마서는 우리의 처지와 상태를 유죄상태에 있으며, 하나님의 심판 아래 있다고 선언하고 있다. 로마서의 두 번째 부분은 죄인을 아주 나쁜 나무로, 게다가 나쁜 열매만을 맺는 나무로 설명하고 있다. 십자가는 이 두 가지를 다 해결했다. 그리스도는 내가 지은 죄들(열매)을 위해서 죽으셨을 뿐만 아니라, 나 자신도(나무 자체도) 그리스도와 함께 죽었다. 그리스도와 함께 죽음으로써, 나의 육신과 내 속에 있는 악한 본성은 끝났다. 로마서는 사람을 죄인으로 다룬다. 사람은 첫 번째, 자신의 행실(sins) 때문에 죄인이다. 두 번째, 자신의 상태(sin) 때문에 죄인이다. 전자를 위해선 칭의의 진리가, 후자를 위해선 해방의 진리가 요구된다. 전자를 위해선 그리스도의 죽음이, 후자를 위해선 나의 죽음이 필요하다. 두 가지 모두 죽음을 통해서 이루어진다.

"율법이 육신으로 말미암아 연약하여 할 수 없는 그것을 하나님은 하시나니 곧 죄로 말미암아 자기 아들을 죄 있는 육신의 모양으로 보내어 육신에 있는 죄를 정죄하셨다." (롬 8:3) 육신 속에 있는 죄성은 주 예수의 십자가에서 정죄되었기에, 이제 나 자신을 죽은 자로 여기는 것이 곧 사는 길이다. 골로새서는 둘 다를 다룬다. 이제 나는 나 자신을 죽은 자로 여긴다. 왜냐하면 그리스도께서 죽으셨기 때문이다. 그리스도의 죽음은 모형적으로 홍해와 요단 강 모두에 적용된다.

에베소서는, 나를 내가 지은 허물과 죄들 가운데 (로마서와는 달리 살아있는 존재가 아니라) 죽어 있는 존재로 시작한다. 죽어 있는 존재에겐 책임을 물을 수도 없고, 의롭다 함을 받을 수도 없다. 다만 새로운 피조물이 되어야 한다. 그리스도의 죽음 이전에, 하나님은 사람을 단순히 죄인으로 말씀하지 않으셨고, 대신 사람을 치리해 오셨다. 홍수, 율법, 선지자, 마지막으로 자기 아들을 보내셨다. 그 최종적인 결과는 이랬다. 즉 하나님이 사람을 낙원에서 추방한 것이 아니라, 오히려 사람이 하나님의 아들을 이 세상에서 추방했다. 사람은 잃어버린바 된 존재였다. 하지만 그리스도께서 잃어버린 자를 찾아 구원하기 위해 오셨다. 기독교는 바로 거기서 시작된다. 세상은 심판의 날에 보응 받을 것을 생각하고 있지만, 나는 그것을 생각하지 않는다. 왜냐하면 나는 잃어버린바 된 자이지만, 구원을 받았기 때문이다. 사람들이 흔히 사람에게 무언가 좋은 것이 있다고 생각할 때, 우리는 사람에 대해서 하나님 말씀이 어떻게 증거하고 있는지에 주목할 필요가 있다. 사람의 영혼 속에는 치유 불가능한 요소가 있는데, 그것은 영혼 중심을 차지하고 있는 죄(sin)이다. 사람은 대개 이러한 죄(성)을 인지하지 못한다. 그러한 사람들은 하나님과 죄가 함께 공존할 수 없다는 분별력이 없다.

하나님은 이 모든 과정을 고려하셨고, 마침내 이렇게 말씀하셨다. "나에게 하나밖에 없는 아들이 있는데, 그를 보내리라." 하지만 하나님의 아들께서 오셨을 때, 사람들은 "이는 상속자니 자 죽이자 그러면 그 유산이 우리 것이 되리라."(막 12:7)고 부르짖었다. 아들께서 오신 것은 이 세상의 끝에, 즉 모든 세대의 마지막에 오신 것이었다. 우리는 아직 세상의 끝에 이른 것은 아니지만, 하나님은 사람을 요모조모 다 시험하셨다. 주 예수님은 이렇게 말씀하셨다. "이제 이 세상에 대한 심판이 이르렀으니 이 세상의 임금이 쫓겨나리라."(요 12:31) 이 일은 아직 이루어지지 않았지만 하나님은 사람을 총체적으로 시험하셨다. 사람의 마음 속에 있는 죄악성이 하나님을 대항하는 것으로 나타났지만, 하나님은 사람을 구원하고자 구속(救贖)의 역사를 이루셨다. 십자가는 사람의 죄와 하나님의 완전한 사랑이 교차하는 지점이었다.

"하나님이 세상을 이처럼 사랑하사 독생자를 주셨으니 이는 그를 믿는 자마다 멸망하지 않고 영생을 얻게 하려 하심이라."(요 3:16) 하지만 세상은 이렇게 부르짖었다. "우리는 조금도 하나님을 원치 않는다." 그래서 그들은 그리스도를 싫어했고, 살해했다. 우리 모든 사람이 그 일에 가담했다. 사람은 자신이 한 일이 무엇이며, 또 자신이 어떠한 존재인지를 철저히 깨달을 필요가 있다.

참으로 복스럽고 영광스러운 사역이 십자가에서 이루어졌을 때, 하나님은 자신의 계획과 생각을 밝히실 수 있었다. 디모데후서 1장 9절엔 이것이 잘 나타나 있다. "하나님이 우리를 구원하사 거룩하신 부르심으로 부르신 것은 우리의 행위대로 하심이 아니요 오직 자기의 뜻과 세상이 시작되기 전부터 그리스도 예수 안에서 우리에게 주신 은혜대로 하심이라." 하나님은 첫째 아담을 시험하셨고 또 모든 시험을 마치셨을 때, 그리스도는 거절을 당하셨고 또 십자가에서 죽음을 맞으셨다. 하지만 십자가를 통해서 사람이 영광 속으로 들어갈 수 있는 기초가 마련되었기에, 하나님은 십자가 사역을 통해서 영광을 받으셨다. 바로 이러한 것이 세상이 시작되기 전에 하나님이 가지고 계셨던 계획이었다. 이 사실은 디도서에도 잘 나타나 있다. 우리 영혼은 개인적으로 십자가를 통과함으로써 영광에 들어간다. 우리는 그리스도의 죽음 속에서 우리가 지금까지 살펴본 내용들의 전체적인 역사를 볼 수 있다. 이제 우리가 확실히 배운 것은, 우리는 다만 심판의 날에 심판을 받게 될 죄인이라는 사실 보다는, 우리는 잃어버린바 된 존재라는 사실이다. 우리가 이 사실을 진정 깨달았다면, 돈이나 옷보다는 그리스도를 더 간절히 원할 것이다. 하지만 우리가 사는 세상은 은혜로 오신 하나님을 거절하고 있다.

이제 두 번째 요소를 살펴보자. 과연 우리에 대한 하나님의 목적은 무엇인가? 그것은 우리가 하나님의 아들과 동일한 영광에 들어가는 것이다. 만일 나 자신을 바라보면, 나는 죄들 가운데 살아 있는 존재였다. 하지만 만일 하나님을 바라보면, 나는 죄들 가운데 죽어 있는 존재였다. 에베소서를 보면, 우리는 "허물과 죄들" 가운데 죽어 있었고, 마찬가지로 그리스도도 죽은 상태였다. 이제 우리는 우리를 새로운 상태로 들어가게 해주는 성령의 역사를 볼 필요가 있다.

"그의 힘의 위력으로 역사하심을 따라 믿는 우리에게 베푸신 능력의 지극히 크심이 어떠한 것을 너희로 알게 하시기를 구하노라 그의 능력이 그리스도 안에서 역사하사 죽은 자들 가운데서 다시 살리시고 하늘에서 자기의 오른편에 앉히셨도다." (엡 1:19,20)

여기서 그리스도는, 하나님이 그리스도 안에서 (또는 그리스도 자신에게) 베푸신 강력한 힘을 따라서 우리를 자기와 함께 하는 자리에 들어오도록 하기 위해서 일하시는 인자로 소개되고 있다. "그는 허물과 죄로 죽었던 너희를 살리셨도다."(엡 2:1) 복스러운 진리는, 우리가 죄와 불순종 때문에 죽어 누워있는 자리에 그리스도께서는 사랑과 순종으로 들어오셨고, 그렇게 내가 누어있는 사망의 자리에 자신을 죽음에 내어주심으로써 내가 지은 모든 죄들을 제거해주셨다는 것이다. 그러자 하나님은 우리를 위해서 이 자리에까지 내려가신 그리스도를 죽은 자 가운데서 다시 살리셨고, 하나님의 영광의 자리에 그리스도를 들어가게 하셨다. 우리는 우리 자신이 그리스도와 함께 영광에 자리에 들어간 것을 보지 못한다. 하지만 우리는 "천사들보다 잠시 동안 못하게 하심을 입은 자 곧 죽음의 고난 받으심으로 말미암아 영광과 존귀로 관을 쓰신 예수를" 보고 있다(히 2:9). 그 동일한 능력이 역사하여 우리를 그분의 자리에 들어가게 했고, 우리는 오직 믿음을 통해서만 그것을 볼 수 있다. 그리스도는 실제로 죽으셨고, 나도 죄들 가운데 죽어 있었다. 이제 하나님이 개입하셨고, 우리를 그리스도와 함께 다시 살리셨다. 그리스도는 어찌하여 그 사망의 자리에까지 내려가셨는가? 그리스도는 내가 지은 죄들을 속량하기 위해서 거기로 내려가신 것이다. 그리스도께서 이루신 십자가 사역의 공로 덕분에, 하나님은 죄 가운데 죽어 있던 우리를 일으키셨고, 또한 우리를 그리스도 안에 넣어주셨다. 즉 그리스도께서 계신 자리에 넣어주신 것이다. 이 일은 그리스도를 죽은 자 가운데서 살리신 그 동일한 능력에 의해서 이루어졌다.

우리는 "다른 이들과 같이 본질상 진노의 자녀" 였다(엡 2:3). 그

것이 유대인과 이방인, 모두가 처해 있는 처지와 상태였다. 우리는 태어나면서 그 상태에 있었다. 그리고 그렇게 살아갈 수밖에 없었다. 하지만 "긍휼이 풍성하신 하나님이 우리를 사랑하신 그 큰 사랑을 인하여 허물로 죽은 우리를 그리스도와 함께 살리신 것이다." (엡 2:4-5) 우리는 한편으론 이처럼 가련하고, 비참한 진노의 자녀를 보지만, 다른 한편으론 하나님이 긍휼에 풍성하신 분이신 것도 본다. 나는 나 자신을 포기하고 하나님의 품에 안긴다. 그저 하나님이 하시는 일에 나 자신을 맡기는 것이다. 이렇게 하는 것이 평안을 얻는 길이다. 집 나간 탕자를 생각해보자. 그는 자기 아버지에게 이렇게 말씀드리려고 생각했다. "나를 품꾼의 하나로 보소서." (눅 15:19) 하지만 그때는 아버지를 만나기 전이었다. 만일 그가 아버지 집으로 돌아가 아버지 품에 안겼더라면, 자기 아버지가 자신을 어떻게 대우할 것인지 알았을 것이다. 아버지는 아들을 위하여 모든 것을 했다. 가장 좋은 옷을 입히고, 가장 좋은 신발을 신기고, 반지를 끼어주었다. 이제 아들의 새로운 상태는 아버지가 아들을 위하여 하는 모든 일에 달려 있었다.

우리가 본질상 진노의 자녀였을 때, 하나님은 "우리를 그리스도와 함께 살리셨다." (엡 2:5) 그리스도는 하나님으로 하여금 그 일을 하실 수 있도록 공의를 이루셨기 때문에, 하나님은 이제 합법적으로 개입하심으로써 우리를 그리스도 안으로 넣어주셨다. "우리를 함께 일으키셨고 또한 우리를 그리스도 예수 안에서 함께 하늘에 앉히셨다." (6절) 하나님은 사람이신 그리스도를 하나님 우편 자리에 앉게 하셨고, 그 동일한 능력으로 하나님은 나를 그리스도 안에 넣어주셨다. 이제 나의 자리는 하나님의 주권적인 선함과 긍휼이 넘치는 자리에 있다. 하나님은 내가 허물과 죄로 죽어 있었을 때 나를 구속하셨고, 이제는 그리스도께서 계신 그 자리에 넣어주셨다. 이 얼마나 경이로운 자리인가! 이제 천사들은 "그렇습니다. 그것이 바로 은혜입니다. 이는 그리스도 예수 안에서 우리에게 자비하심으로써 그 은혜의 지극히 풍성함을 오는 여러 세대에 나타내려는 것입니다."라고 말할 것이다. 그것이 십자가에 달린 강도건, 막달라 마리아건, 우리 가운데 어느 누구라도, 우리는 그리스도께서 계신 그 동일한 자리에 있다. 우리는 아직 그리스도와 함께 하늘에 있는 것은 아니지만, 그럼에도 우리는 그리스도 안에 있다. 그리스도를 죽음에서 일으켜서 하나님의 영광에 들어가게 한 그 능력이 나를 그리스도 안에서 그 동일한 자리에 넣어준 것이다.

"너희는 그 은혜에 의하여 믿음으로 말미암아 구원을 받았으니 이것은 너희에게서 난 것이 아니요 하나님의 선물이라 행위에서 난 것이 아니니 이는 누구든지 자랑하지 못하게 함이라."(엡 2:8,9) 그리고 나서 행위에 대한 언급을 볼 수 있다. "우리는 그가 만드신 바라 그리스도 예수 안에서 선한 일을 위하여 지으심을 받은 자니 이 일은 하나님이 전에 예비하사 우리로 그 가운데서 행하게 하려 하심이니라."(10절) 아담 안에서가 아니라 그리스도 예수 안에서 새로이 창조되었다. 나는 새로운 피조물이다. 그리스도를 영광에 들어가게 한 그 동일한 능력이 지금 나에게 역사하여 나를 그리스도 안에 들어가게 한 것이다. 내 안에 거하시는 성령님은 나에게 '나는 그리스도 안에 있는 자'라는 지식을 주신다. 하나님이 우리와 함께 거하시는 것은 구속의 공로가 없다면, 불가능한 일이었다. 그 일은 아담이나 아브라함에게도 불가능한 일이었다. 하지만 이스라엘이 애굽에서 구속을 받자마자, 하나님은 그들 가운데 거하고자 하셨다. 그래서 구름으로 성막을 덮으셨다(출 15:17). 이제 구속이 완성되었기에, 하나님은 우리에게 오셔서 우리 가운데 거하실 수 있다. 그리스도인은 그리스도 예수 안에서 하늘에 앉아 있으며, 개인적으로 그리스도인은 성령의 전이다. 성령에 의해서 그리스도와 살아있는 연합을 이루게 되면, "나는 그리스도 안에서 하늘에 앉아 있는 자"라는 지식이 오게 되며, 그렇게 우리의 시민권은 하늘에 있게 된다. 인자로서 그리스도는 온전히 하나님을 영화롭게 해드렸다. 하나님을 영화롭게 해드린 일로 인한 보상은 무엇이었을까? 바로 그리스도께서 하나님의 우편에 앉아 계신 것이다. 우리는 이제 "하나님의 영광을 소망하면서 즐거워한다." (롬 5:2) 벌레만도 못한 우리가 어떻게 그럴 수 있을까? 그것은 그리스도께서 하신 일 때문이다. 우리가 첫째 아담과 같았던 것처럼, 우리는 장차 영광 중에 계신 그리스도와 같게 될 것이다. 그리스도는 자신의 죽음을 통해서 우리를 자신과 동일한 영광에 들어가게 하려는 목적으로 사람이 되셨다.

사랑하는 친구들이여, 당신은 진정 당신 자신이 그리스도의 영광에 들어가게 될 것으로, 그렇게 믿고 있는가? 당신은 하나님이 당신에게 주신 자리를 통해서 나타나게 될 하나님 은혜의 지극히 풍성함을 오는 여러 세대에 천사들에게 보여주실 것으로 믿고 있는가? 성령님이 지금 누릴 수 있는 복으로 우리에게 주신 "그리스도 안"

이라고 하는 자리와 "그리스도 안에 있는 자"라는 지식 속에 내포된 특권이 무엇인지를 보는 것은 매우 중요하다. 영광은 현재 우리의 것은 아니지만, 우리는 현재 우리가 그리스도 안에 있을 뿐만 아니라, 주의 어떠하심과 같이 우리도 세상에서 그러하다는 것을 알아야 한다. 그것이 하나님과 함께 하는 우리의 자리이며, 이로써 우리는 심판 날에 담대함을 갖고, 그리스도의 날을 소망할 수 있다. 나는 내가 행한 선한 행위들을 가지고 감히 거기에 이를 수 있을 것이라고 꿈도 꿀 수 없었다. 과연 당신은 당신의 행위들을 가지고 하나님의 영광 가운데 자신의 자리를 펼 수 있다고 생각하는가? 그럴 수 없다. 하지만 사람은 이제 우리의 선두주자로서 앞서 영광에 들어가신 그리스도의 공로를 통해서 하나님의 영광 가운데 들어갈 수 있게 되었다. 우리는 그리스도 사역의 가치에 걸맞는 자리로 부르심을 받았다.

이제 행위의 바른 자리를 볼 필요가 있다. 행위는 우리가 들어간 자리에서 나오는 결과이다. 하나님은 우리의 자리에 합당한 행위를 요구하신다. "선한 일을 위하여 지으심을 받은 자니 이 일은 하나님이 전에 예비하사 우리로 그 가운데서 행하게 하려 하심이니라." (엡 2:10) 행위는 우리의 자리에 속한 특권만큼 요구된다. 사도 바울이 선한 일을 하도록 격려할 필요가 있었을 때, 무슨 말을 했는가? "그러므로 사랑을 받은 자녀같이 너희는 하나님을 본받는 자가 되라." (엡 5:1) 당신은 신의 성품에 참여한 자가 되었다. 이제는 가서 거기에 합당하게 행동하라. 당신 속에 계신 그리스도 외엔 아무것도 나타나게 해선 안된다. 그리스도는 우리를 위하여 하나님의 임재 가운데 나타나시며, 이로써 자신의 사역의 가치에 따라 우리를 대우해주신다. 그렇다면 당신도 그리스도를 위하여 세상 앞에 나타나야 한다. 성령의 능력을 통해서 그리스도와 연합을 이루고 있는 나는, 이제 모든 사람이 알고 읽는 그리스도의 편지이다. 이는 우리가 그리스도의 편지가 되고자 노력하는 것으로 되는 것이 아니라, 이미 그리스도의 편지라는 자리에 들어온 사람으로서 다만 나의 일은 모든 일 가운데서 그리스도를 나타내는 것으로 된다. "그런즉 너희가 먹든지 마시든지 무엇을 하든지 다 하나님의 영광을 위하여 하라."(고전 10:31) 만일 우리의 그릇에 기름이 없다면, 우리는 그리스도를 만나 뵐 수 없을 것이다. 주의 재림을 사모하는 것보다 중요한 것은 없다. 그렇게 주의 오심을 사모하며 기다리는 것이 그리스도인의 특징이다. 당신은 진정, 주인의 귀환을 사모하며 기다리는 종처럼, 그렇게 그리스도를 기다리고 있는가? 이는 나 자신을 성찰해보아야 할 중요한 문제이다. 우리는 진정, '사람이신 그리스도는 지금 하나님의 영광 중에 계시며, 나는 나의 자리가 그리스도 안에 있음을 알고 있다. 그러므로 나는 재림하시는 그리스도를 기다리고 있으며, 그리스도께서 공중에 나타나실 때 나를 그리스도께서 계신 하늘로 끌어 올리실 것이다.' 라고 말할 수 있는가?

나를 그리스도 안에서 하늘 처소에 들어간 사람으로 생각해보자. 그렇다면 우리의 관심과 대화 주제(conversation)는 하늘에 속한 것들이 될 것이고, 땅에 속한 것들엔 관심이 없게 될 것이다. 우리는 하나님이 새로이 만드신 존재로서, 하늘이 우리가 거하고 머무는 세계이다. 하나님은 자신의 주권적인 은혜로 우리를 하늘에 두셨다. 따라서 내가 가장 갈망해야 할 일은 우리 마음이 늘 하늘을 인식하고 사는 것이며, 우리 앞에 두신 이 하나님의 목적을 붙잡는 것이며, 계속해서 그리스도인의 상태로, 즉 그리스도의 자리에서 살아가는 것이다. 하나님이 우리에게 주신 자리는 바로 "그리스도 안"이라고 하는 자리이다. 그렇다면 이제 예수의 생명이 우리 몸에 나타나게 해야 한다.

이처럼 고통 하는 이 시대에 우리는 진정 기독교가 무엇인지를 아는 것이 중요하다. "진리가 예수 안에 있는 것 같이"(엡 4:21)란 말은, 이제 나는 아담과의 관계를 끝냈고 또한 이제는 그리스도 안에 있다는 뜻이다. 나는 옛 사람을 벗어버렸고 또 새 사람을 입었다. 사람은 옛 사람을 개선하고자 노력하지만, 그런 일은 가능하지 않다. 당신은 옛 사람으로 하여금 하나님을 위한 일을 하게 할 수 없다. 왜냐하면 하나님은 옛 사람을 십자가에 못 박으셨기 때문이다. 하나님은 옛 사람을 십자가에서 심판하셨고, 그리스도 안에서 새 사람을 일으키셨다. 새 사람으로 살아가라!

Chapter 9
어떻게 하나님의 사랑을 아는가?
The Capacity for Knowing Divine Love, and how we know it

요한일서 4장 7-19절을 읽으시오.

296

　요한일서 4장은 동일한 진리를 서로 다른 측면에서 조망하고 있다. 이제 함께 살펴보고자 하는 구절들은 7절부터 19절까지이다. 여기엔 두 가지 주제가 있다. 하나님의 사랑을 아는 능력과 그 사랑의 증거 또는 나타남, 그리고 더 일반적으로 말해서, 과연 우리가 어떻게 하나님의 사랑을 알 수 있는가에 대한 것이다. 우선, 하나님의 사랑을 알 수 있는 능력이 성도들에게 주어진 측면에 대해서 살펴보자. 성도들 속엔 하나님 사랑의 복됨을 알고 즐거워하는 능력이 있다. 그리고 이 능력은 다음과 같은 두 가지 이유 때문에 성도들 안에 있다. 첫 번째, 7절을 보자. "하나님께로 나서 하나님을 알고" 그렇다. 성도들은 "하나님께로 난" 존재이기에 신성한 본성이 그 속에 있다. 두 번째, 12절을 보자. "하나님이 우리 안에 거하시고" 즉 하나님께서 성도 속에 거하신다. 이 때문에 하나님의 사랑이 완전한 형태와 온전한 특성을 띠고 나타난다. 이러한 이유로, 우리는 하나님을 알고 즐거워하는 능력과 하나님의 나타나심을 구분할 수 없다. 왜냐하면 우리 안에 거하시는 하나님의 나타나심은 하나님을 즐거워하는 능력이 되기 때문이다.

편의상, 하나님의 사랑을 즐거워하는 능력과 기뻐하고 즐거워하도록 우리에게 계시되는 하나님 사랑의 나타남을 구분하긴 했지만, 다른 주제들 때문에 이러한 구분은 조심스럽게 다루어야 하며, 이러한 구분 때문에 성경적인 관점을 잃지 않도록, 그리고 우리 속에 하나님의 거하심이란 주제가 불완전하게 되지 않도록 해야 한다. 여기서 우리는 능력과 수단을 나누고자 해서는 안된다. 하나님의 사랑을 아는 수단에 대해서 생각해보자. 이 사랑은, 우선적으로 사랑 안에서 우리를 구원하고자 세상에 오신 그리스도의 초림을 통해서 그 참된 본질이 우리에게 나타났다. 이 사랑은 우리 속에 없었던 것이었다. 두 번째로, 이 사랑은 이제 하나님이 우리 속에 거하시고 또 그 사랑이 우리 마음에 부어졌기에, 우리 속에서 완전하다. 세 번째로, 이 사랑은 우리에게 완전하게 이루어졌기에, 우리가 이 세상을 살아가는 동안에도 그리스도께서 하나님과 함께 하고 계신 것처럼 우리도 함께 있으며, 이로써 우리는 심판 날에도 담대할 수 있다.

전체 사안은 아버지에게서 온 영생을 받게 된 우리 속에 존재하게 된 신성한 본성의 특징들을 전시하고 있는 요한일서의 주제와 연결되어 있다. 따라서 이 특징들은 그리스도에게 참될 뿐만 아니라 (의(義)를 행하는 문제를 다루고 있는 요한일서 2:29, 3:1-24이 말하고 있는 것처럼) 우리에게도 참된 것이어야 한다. 하나님의 사랑이 온전히 나타난 결과, (사랑은 하나님의 본질이지, 여러 속성 가운데 하나가 아니다.) 여기 요한일서에선, 하나님이 우리 속에 거하심에도 불구하고 생명의 전달만이 완결된 것으로 소개되고 있다. 의(義)와 사랑은 신성한 생명에 속한 두 가지 가장 중요한 특징이긴 하지만, 사랑이 하나님이 어떤 분이신지를 우리에게 말해준다. 하나님이 의로우시긴 해도, 나는 "하나님은 의(義)이시다"라고 말하진 않는다. 하지만 나는 "하나님은 사랑이시다"라고 말한다. 의는 다른 것들과의 관계를 설명하는 속성이다. 사랑은 하나님이 누구신지를 말해주는 하나님의 본질이다.

297

다음 구절들을 살펴보자. 우선적으로 하나님의 사랑을 즐거워할 수 있는 우리의 능력에 대해서 살펴보자. 사도 요한은 성도들에게 서로 사랑하라고 권했다. 이유는 사랑이 하나님께 속한 것이기 때문이라고 말했다. 사랑은 본성에 속한 문제이며, 사랑은 하나님이 누구신가를 말해준다. 따라서 사람이 이처럼 신성한 성품에 속한 것들을 사랑할 때, 그는 하나님에게서 난 사람이 분명하다. 이는 그가 하나님의 본성에 참여하였고, 하나님을 알고 있기 때문이다. 게다가 그는 하나님에게 속한 본성을 알고 또 거기에 참여하고 있기 때문이다. 동물은 사람처럼 나의 생각을 알아낼 수 없다. 왜냐하면 동물은 사람으로서 기능할 수 있는 나와 같은 본성을 가지고 있지 않기 때문이다. 만일 우리가 하나님의 본성을 우리의 소유로 가지고 있다면, 우리는 확실히 하나님에게서 난 사람일 뿐만 아니라 하나님을 아는 사람이다. 왜냐하면 그러한 것이 하나님의 본성에 속한 것이기 때문이다. 이것이 사랑이신 하나님을 알 수 있는 우리 능력에 속한 첫 번째 근본적인 원리이다. 즉 우리가 가장 복되신 하나님의 본성에 참여한 사람이 되었기 때문에 그 능력이 주어진 것이다. 우리가 하나님에게서 났고, 우리가 생명을 받았다는 것은 이처럼 실제적인 것이다. 이는 우리가 신의 성품(divine nature)에 참여한 자가 되었기 때문이다. 하지만 하나님을 아는 능력이 온전히 발휘되려면, 우리에겐 거듭날 때 받은 신의 성품(본성) 뿐만 아니라 하나님 자신도 필요하다. 이는 서로 사랑함으로써 사랑이 발현되기 때문이다. 어느 때에도 하나님을 본 사람은 없다. 우리가 서로 사랑하면 "하나님이 우리 안에 거하시고 그의 사랑이 우리 안에서 온전히" 이루어지게 된다(요일 4:12). 그렇다면 하나님의 임재가 바로 하나님을 아는 능력이 되며, 하나님의 사랑이 우리 안에서 온전히 이루어지게 하는 능력이 되는 것이다. 우리는 우리가 하나님 안에 거하고 또 하나님은 우리 안에 거하시는 것을 알고 있다. 왜냐하면 하나님께서 우리에게 자신의 영을 주셨기 때문이다. "그의 성령을 우리에게 주시므로 우리가 그 안에 거하고 그가 우리 안에 거하시는 줄을 아느니라."(요일 4:13) 바울도 우리에게 동일한 진리를 말한다. "우리에게 주신 성령으로 말미암아 하나님의 사랑이 우리 마음에 부은 바 됨이니."(롬 5:5)

요한일서 4장 13절을 보자. "그의 성령을 우리에게 주시므로 우리가 그 안에 거하고 그가 우리 안에 거하시는 줄을 아느니라."(요일 4:13) 이 구절은 요한일서 3장 24절처럼, 그저 성령이 아니라 "그의 성령"을 우리에게 주셨다고 말한다. 그렇다면 이 구절은 일반적으로 성령님을 언급할 때 우리가 흔히 기대할 수 있는 능력의 나타남에 초점이 있는 것이 아니라, (우리가 성령 안에 거하고 또 성령님은 우리 안에 거함으로써) 신성한 생명의 능력 가운데서 운동력 있게 역사하시는 하나님 영의 역사에 초점이 있다. 그러한 하나님 영의 역사 속에서만 신의 성품에 속한 요소들 간에 교통이 일어날 수 있다. 우리는 하나님을 사랑한다. 그 이유는 하나님께서 먼저 우리를 사랑하셨기 때문이다. "우리가 사랑함은 그가 먼저 우리를 사랑하셨음이라."(요일 4:19) 하나님은 "그의 성령을" 우리에게 주셨다. 이렇게 우리가 신의 성품에 참여하는 자가 되었고 또 하나님이 우리 속에 거하시는 일은 사랑 안에서 하나님을 즐거워할 수 있는 우리의 능력을 형성한다.

사랑이 나타났고 또 이러한 사랑이 입증하는 것이 무엇인지 살펴보자. 우리는 요한일서 4장 9절과 10절을 살펴볼 것이다. 우선 성경은 "사랑하는 자마다 하나님께로 나서 하나님을 알고"(요일 3:7)라고 말한다. 영혼들은 과연 사랑이 자기 속에 있는지를 탐색하고 싶어 하기 때문에 종종 신비주의에 빠진다. 하지만 성령님은 즉시 우리가 신의 성품(본성)에 참여하였다는 사실을 제시함으로써, 우리가 믿음의 눈으로 바라보아야 할 대상을 전적으로 우리 밖에서 찾게 만든다. 그럴 때 하나님 사랑의 특징이 무엇인지를 배울 수 있고 또 그 증거를 확보할 수 있기 때문이다. "하나님의 사랑이 우리에게 이렇게 나타난 바 되었으니 하나님이 자기의 독생자를 세상에 보내심은 저로 말미암아 우리를 살리려 하심이니라."(요일 4:9) 이 사랑은 가장 충만하면서도 가장 복된 방식으로 나타났다. 하나님은 자신의 독생자를 세상에 보내셨는데, 이는 그리스도로 말미암아 우리를 살리려는 것이었다. 그 때 나는 죽어 있다. 하지만 이제는 다른 이를 통해서 살아있다. 그것은 하나님 마음 속에 있었던 순수하고 완전한 사랑 때문에 가능한 일이었다. 이 사랑을 통해서 하나님이 어떤 분이신지를 나타내셨다. 내 속엔 이 사랑을 받을만한 것이 아무 것도 없었다. 나는 죽어 있었다. 하지만 하나님께서는 자신의 유일무이한 사랑의 대상이신 분을 내어주셨다. 자신의 유일한 독생자이신 예수님을 내어주신 것이었다. 그때 나는 그저 죽어있었을 뿐이었다. 바로 여기에 사랑이 있다. 우리가 하나님을 사랑한 것이 아니라, (이 때 우리가 하나님을 사랑하는 것이 그나마 가능했다고 할 것 같으면, 그것은 율법적인 사랑이었을 것이다) 하나님이 우리를 사랑하신 것이었다.

298

이 사실은 죄인이 처해 있었던 또 다른 상태를 보여준다. 죄인은 죽어 있었을 뿐만 아니라 유죄상태에서 하나님의 심판 아래 있었다. 그리스도께서 우리가 지은 죄들을 위한 화목제물로 오셨다. 즉 그것은 아무 사랑할 가치가 없는 죄인을 향한 하나님의 순수한 사랑이었고, 우리의 상태는 그저 사망 상태였고 또 죄로 인해서 유죄상태였지만, 하나님 속에 있는 것이 발현되어 우리를 살리는 것으로 작용한 사랑이었다. 그것이 하나님의 사랑이 우리에게 나타나고 또 우리가 사랑을 받았을 때, 우리의 상태였다. 하나님의 사랑은 그렇게 우리에게 적용되었다. 그러므로 나는 하나님 안에서 진정한 사랑을 보며, 하나님 안에 있는 그 사랑의 절대적인 완결성을 알고 있다. 내 속에는 그러한 사랑을 받을만한 것이 아무 것도 없었다. 하나님의 사랑은 내가 처해 있었던 죄의 상태에 적용되었다. 이 사랑이 나타난 십자가를 바라보면, 내겐 죄 외에 아무 것도 기여한 것이 없었다. 하나님의 사랑은 이런 식으로 나타났지만, 우리는 허물과 죄로 죽어 있었을 뿐이었다. 이제 우리는 그리스도로 말미암아 살리심을 받았고, 그리스도께서 우리가 지은 죄들을 위한 화목제물이신 것을 알고 있다.

이제 마지막에 언급한 세 가지를 살펴보자. 사랑이 우리에게 온전히 이루어진 것에 대해 알아보자. 사랑은 여기에 있다. 즉 그리스도의 어떠하심과 같이 우리도 그러하다. 사랑이 우리에게 나타났는데, 곧 그리스도께서 우리가 죄들 가운데 있었을 때 사랑으로 우리에게 오셨다. 그리고 십자가에서 사랑이 온전히 이루어졌다. 그래서 주의 어떠하심과 같이 우리도 세상에서 그러하다. 다시 말해서, 이제 우리는 "이 세상에서" 그리스도와 같다고 말할 수 있다. 어째서 그런가? 왜냐하면 우리는 그리스도 안에서, 한 점 부끄러울 것이 없이 빛 안에서 하나님의 의(義)가 되었기 때문이다(고후 5:21). 어떻게 우리는 심판 날에 심판장이신 하나님 앞에서 담대함을 가질 수 있는가? 사랑이 우리에게 온전하게 이루어졌기 때문이다. 그리스도께서 장차 영광 가운데 오실 때, 우리를 자기 앞으로 휴거시키실 것이며, 우리의 몸은 영광스러운 몸으로 변화될 것이다. 따라서 우리가 그리스도 앞에 서게 될 때, 우리는 그리스도와 같이 되어 영광스러운 존재가 될 것이다. 이 일은 실제로 우리 몸의 구속이 이루어질 때 일어날 것이다. 왜냐하면 우리는 죽었고 또 우리 생명이 그리스도와 함께 하나님 안에 감추어있기 때문이다. "우리 생명이신 그리스도께서 나타나실 그 때에 너희도 그와 함께 영광 중에 나타나리라."(골 3:4) 이미 말했지만, 바울은 요한과 같은 것을 말하고 있지만, 이것을 더욱 세대적인 문제로 다룬다. 나는 이제 그리스도의 어떠하심과 같이 나도 그러하다는 것을 알고 있다. 그리스도는 나의 아버지 곧 그의 아버지, 나의 하나님 곧 그의 하나님에게로 가셨다. 그리스도는 우리의 모든 죄들을 완벽하게 없이 하신 후 부활하셨고, 그 부활의 능력으로 우리가 처해 있었던 상태에서 우리를 일으키심으로써 하나님 앞에서 완전히 새로운 상태로, 즉 그리스도께서 들어가신 그 자리로 들어가게 하셨다. 그리스도처럼 하나님 우리 아버지 앞에서 아들의 자리로 들어가게 해준 것은 그야말로 사랑이 할 수 있는 최선의 일이었던 것이다. 따라서 사랑은 우리가 지은 죄들 가운데 있는 우리를 찾아오는 것으로 나타났다. 그리고 그 사랑은 우리를 하나님 앞에서 그리스도의 위치에 넣어주고, 거기서 살아가도록 하는 것으로 온전히 이루어졌다.

299

그 이상의 것이 더 있다. 요한일서 4장에서 두 번째로 나오는 것인데, 나는 이 부분을 마지막에 다루고자 남겨두었다. 즉 우리는 이 복을 현재적인 복으로 누릴 수 있다는 것이다. 우리는 이미 하나님의 사랑을 즐거워할 수 있는 우리의 능력에 대해서 살펴보았다. 요한일서 4장 12절은 이렇게 말한다. "어느 때나 하나님을 본 사람이 없으되 만일 우리가 서로 사랑하면 하나님이 우리 안에 거하시고 그의 사랑이 우리 안에 온전히 이루느니라." 이 구절은 하나님을 아는 것이 불가능하다고 말하는데, 이에 대한 해결책은 무엇일까? 그 대답은 이렇다. 만일 우리가 서로 사랑하면, 하나님이 우리 안에 거하시고 또 하나님의 사랑이 우리 안에서 온전히 이루어진다는 것이다. 여기에 하나님을 알고 또 하나님의 사랑을 가장 완벽한 방법으로 즐길 수 있는 놀라운 방법이 제시되어 있다. 하나님이 우리 속에 거하시고 또 하나님 사랑의 감미로움을 즉각적으로 느낄 수 있다니, 친밀한 사귐이 가져다주는 얼마나 경이로운 결과인가! 이러한 영적 실제를 우리에게 가져다줄 수 있는 중간 매개체란 없다. 다만 이처럼 보배로운 모든 것들은 우리 영혼 속에 하나님이 우리를 사랑하신다는 확실한 믿음이 자리를 잡는 것 외엔 달리 방법이 없다. 우리는 이러한 영적 실제가 무엇인지 알고 있다. 왜냐하면 하나님과 직접적인 교통을 통해서 그것을 누리고 있기 때문이다. 하나님은 우리 마음을 하나님의 사랑으로 충만하게 하고, 하나님께서 우리 마음에 거하시고자 역사해오셨다. 하나님은 우리 마음을 자신의 거처로, 또한 우리가 앙망할 확실한 대상으로 자리를 잡으셨다. 왜냐하면 하나님께서 우리 마음에 거하시기 때문이다. 하나님은 우리 속에 거하실 수 있다. 왜냐하면 그리스도의 사역 덕분에 우리 마음이 깨끗해지고 또 그리스도 안에서 하나님의 의가 되었기 때문이다.

여기에 안식이 있다. 게다가 평안과 기쁨이 있다. 바로 여기에 우리가 위에 계신 하나님을 기뻐할 수 있는 보장이 있다. 요한일서 4장 12절은 참으로 놀랍게도 요한복음 1장 18절과 짝을 이룬다. "본래 하나님을 본 사람이 없으되"(요 1:18) 여기엔 동일한 어려움이 놓여 있다. 이 어려움은 어떻게 해결되는가? "아버지 품속에 있는 독생하신 아들이 하나님을 나타내셨느니라." 여기서 주목할 것은 "아버지 품속에 있었던"이 아니라 "아버지 품속에 있는"이라는 점이다. 하나님의 아들이신 예수 그리스도는 하나님 아버지의 사랑의 중심이자 대상이시다. 예수 그리스도는 자신이 아는 하나님을 친히 나타내셨다. 따라서 하나님의 아들 그리스도를 본 자는 아버지를 본 것이다. 아들께서 세상에 오심으로써, 우리는 은혜를 통해서 하나님을 알게 되었다. 그리스도께서 세상을 떠나신 결과 성령을 보내실 것을 약속하신 것은 요한복음의 가장 중요한 주제이다. 하나님은 아들의 계시 때문에 아버지로 알려지셨다. 여기서 아무도 하나님을 본 사람이 없다는 어려움은 어떻게 해소되었는가? 바로 하나님이 우리 속에 거하심으로 해소되었다. 우리는 그리스도의 위대한 사역의 결과로, 우리가 깨끗하게 되고 또 의롭게 되었기에 하나님이 우리 속에 거하신다는 것을 알고 있다. 하나님이 우리 속에 거하시고 또 우리가 하나님의 임재를 즐길 수 있게 된 것은, 사랑이 그것을 방해할만한 모든 것들을 해결했고 또 우리의 마음에 사랑으로 충만하게 해주었기 때문이다. 이로써 우리는 하나님의 사랑이 우리 마음을 가득 채우는데 아무 것도 방해할 것이 없게 되었음을 알게 되었다. 우리는 그 사실을 확실히 알고 있다. 왜냐하면 그 사랑이 우리 마음에 부은 바 되었기 때문이고, 게다가 하나님께서 이 세상에 있는 그 어느 것보다 우리에게 가까이 계시기 때문이다. 바로 하나님께서 우리 속에 거하시는 것이다. 이 얼마나 경이로운 신분과 지위가 우리에게 주어진 것인가! 우리 속에 있는 것은 단순히 하나님의 사랑을 보증하는 그 무엇이 아니라, 우리 속에서 온전히 이루어진 사랑 그 자체인 것이다. 왜냐하면 하나님께서 친히 우리 속에 거하시기 때문이다. 우리가 바라는 것은 오직 하나님 자신일 뿐이다. 그 누가, 그 무엇이 하나님과 경쟁할 수 있단 말인가?

300
요한일서 4장 15절을 살펴보자. 어떤 사람들은 "이것은 제가 감당하기엔 너무 벅찹니다. 저는 감히 이 모든 것을 감당할 수 있는 척 할 수 없습니다. 제겐 그저 단순한 것이 좋습니다."라는 말을 한다. 친구여, 하나님의 임재와 사랑보다 더 단순한 것은 없다. 우리는 그저 하나님의 임재와 사랑을 즐거워할 뿐이다. 어쩌면 우리에겐 그것이 부족한듯 보일지 모른다. 이제 당신이 핑계를 댈 수 없는 것, 확실한 것을 보여주고 싶다. 성경은 이렇게 말한다. "누구든지 예수를 하나님의 아들이라 시인하면 하나님이 저 안에 거하시고 저도 하나님 안에 거하느니라."(요일 4:15) 당신은 예수께서 하나님의 아들이심을 시인하는가? 그렇다면 하나님이 당신 안에 거하신다. 당신은 하나님을 그저 손님처럼 대할 것인가?

마지막으로 언급하고 싶은 것은, 하나님을 아버지로 아는 것과 심판장으로 아는 것 사이엔 엄청난 차이점이 있다는 것이다. 그리스도인의 경우엔, 사실 심판장이신 하나님을 아버지로 알고 있다고 말할 수 있다. 마지막 심판 또는 죄의 정죄는 사실 아버지께서 하시는 일이 아니다. 아버지께서는 아무 사람도 심판하지 않으실 것이다. 이는 모든 심판하는 권세를 아들에게 다 맡기셨기 때문이다. 우리의 모든 죄들을 대속하고, 유죄상태에 있던 우리를 심판에서 건지신 그리스도의 완전한 사역은 우리로 하여금, 사람을 "외모로 보시지 않고 각 사람의 행위대로 판단하시는 분을" 아버지라 부를 수 있게 해주었다(벧전 1:17). 즉 그리스도의 사역은 유죄상태로 심판 아래 있던 우리를 건져내었고, 자녀에게 일어나는 일은 아무리 조그만 일이라도 그냥 지나치지 않을 정도로 섬세하게 돌보고 보호하시는, 그처럼 거룩하고 은혜로운 보살핌 아래 넣어주었다. 이제 하나님은 아버지의 성품을 따라서 우리를 훈육하시고, 자녀가 온전히 성숙할 때까지 친밀한 사귐의 특권 가운데서 우리를 양육하신다. 그리스도는 이렇게 기도하셨다. "거룩하신 아버지여 내게 주신 아버지의 이름으로 저희를 보전하여 주소서."(요 17:11) 우리로 하여금 하나님의 사랑 자체를 즐거워할 수 있는 자리로 이끌어주신 그 완전한 하나님의 사랑은 하나님을 변하게 하여 악을 허용하게 해주시는 분으로 작용할 수는 결코 없다. 사실 그런 것은 사랑이 아닐 것이다. 하나님은 우리를 은혜 안에서 대하신다. 때로는 경고도 하시고, 징계도 하신다. 만일 하나님이 징계하신다면, 그것은 우리로 세상과 함께 정죄를 받지 않게 하려는 것이다. "우리가 판단을 받는 것은 주께 징계를 받는 것이니 이는 우리로 세상과 함께 죄 정함을 받지 않게 하려 하심이라."(고전 11:32) 하나님은 세상을 통치하는 일에서 뿐만 아니라 자기 자녀들을 다스리는 일에 있어서도 조금의 악을 허용하지 않으신다.

Chapter 10
어떻게 구원받은 자로서 살아야 하는가?
What the World is; and how a Christian can live in it

"이 세상이나 세상에 있는 것들을 사랑치 말라 누구든지 세상을 사랑하면 아버지의 사랑이 그 속에 있지 아니하니라."(요일 2:15)

"세상과 벗된 것이 하나님의 원수임을 알지 못하느뇨 그런즉 누구든지 세상과 벗이 되고자 하는 자는 스스로 하나님과 원수 되게 하는 것이니라."(약 4:4)

진지하고 사려 깊은 사람의 마음 속에 자주 떠오르는 질문이 있다면, 어쩌면 다음과 같은 질문이 아닐까라는 생각을 해본다. 즉 세상은 무엇인가? 어찌하면 구원받은 자로서 세상을 사는 동안 한 점 부끄러움이 없는 삶을 살 수 있을까? 이 주제를 살펴보자. 보통 세상이란 단어가 사용될 때에는 세 가지 의미가 있다. 문자적으로 세상이란 단어는 지상에서 인간 삶을 영위할 때, 따라야 하는 질서 또는 시스템을 의미한다. 땅 자체를 세상으로 부르기도 한다. 왜냐하면 땅은 세상 시스템이 돌아가는 일종의 플랫폼, 즉 공간이기 때문이다. 뿐만 아니라 이 세상 시스템을 따라 사는 사람들을 그저 세상이라고 부르기도 한다. 그렇다면 세상은 이렇게 세 가지로 구분된다. 세상-공간, 세상-사람, 세상-시스템. 예수 그리스도께서 죄인을 구원하려고 세상에 임하셨다는 구절을 읽을 때, 그것은 예수 그리스도께서 세상이라는 공간에 오셨고 또한 자신을 미워하는 세상 시스템과 맞닥뜨려야만 했음을 이해할 필요가 있다. 그리스도께서 제자들에게 "내가 세상에 속하지 아니함같이 너희도 세상에 속하지"(요 17:14) 아니하였다고 말씀하셨을 때, 그 말은 그리스도의 제자들은 세상을 움직이는 시스템 아래 있지 않다는 것을 의미했다. 세상 시스템에 속한 사람과 벗이 되고자 하는 사람은 하나님과 원수가 된다. 왜냐하면 세상은 하나님께 복종하지 않을 뿐만 아니라 하나님을 떠나 스스로 자존하고자 하기 때문이다. 예를 들어, 군대 시스템을 생각해보자. 사람이 군에 입대하면, 필요한 모든 것이 공급된다. 회계부서는 그에게 봉급을 공급하고, 병참부서는 그에게 의복을 공급하고, 군수품부서는 그에게 무기를 공급한다. 그가 어디를 가든지, 모든 것을 공급해준다. 게다가 정기적인 군사훈련, 제식훈련, 열병식, 점호 등을 실시한다. 군대에 들어가면서부터 그는 이 시스템에 얽매이게 된다. 어쩌면 군대는 작은 세상으로 부를 수 있을 만큼 모든 것이 체계적이고, 모든 것이 질서를 갖추고 있는 곳이다. 그럼에도 모든 것을 통제하는 시스템을 갖추고 있고 또 사람이 원하는 모든 것이 공급되는 곳을 세상으로 부르기엔 어설픈 감이 없지 않아 보인다.

사람은 사회 공동체를 원한다. 세상은 사회 시스템을 제공한다. 여기엔 사회적 지위가 모든 것을 말해준다. 이 지위를 얻기 위한 투쟁이 날마다 일어나며, 사람들은 더 높은 지위를 얻을 수만 있다면 얼마나 많은 비용과 대가가 지불될지라도 불사하고자 한다. 끝도 보이지 않는 사회의 정상에 오르려면 엄청난 높이의 사다리를 올라가야 한다. 어떤 사람은 더 높이 더 높이 오르기 위해 애를 쓰며, 어떤 사람은 현재적 지위를 유지하기 위해 애쓴다. 이처럼 사회 시스템은 사람의 마음과 영혼을 옭아맬 수 있는 어마어마한 힘을 가지고 있다. 뿐만 아니라 사람은 정치적 권력, 삶의 보호, 번영, 각종 이권을 갈구한다. 세상 시스템은 이러한 필요까지 충족시켜준다. 우리가 사업이라고 부르는 것 안에는 이 모든 것이 온전히 준비되어 있다. 세상을 움직이는 시스템은 참으로 경이롭기 그지없다. 세상은 순전히 근육남에게도 일자리를 주고, 창의적인 마음을 가진 사람들에게도 그들의 천재성을 발휘할 수 있는 일자리를 준다. 예술가적 영혼을 가진 사람들은 자기만의 독특한 조각, 그림, 음악, 시의 세계를 펼치고, 학생들은 배우고 연구한다. 작가들은 책을 쓴다. 어떤 사람들의 정욕과 사치는 다른 사람들이 먹고 살 수 있는 수단을 제공한다. 사람들이 흔히 말하듯, 이 모든 다양한 것들이 모여 하나의 세상을 이루고 있다.

사람은 이처럼 매우 복잡한 피조물이다. 선하고 좋은 다양한 것들이 함께 모여 최상의 것을 만들어낸다. 사업 조금, 정치 조금, 사회 조금, 공부 조금, 종교 조금. 이렇게 조금씩 조합을 이루고 있다. 사람은 본질적으로 종교적인 존재이다. 우리가 흔히 사용하는 종교란 말은 성경 전체에서 걸쳐서 다섯 번 등장한다(행 26:5, 갈 1:13,14, 약 1:26,27). 종교와 경건은 다르다. 왜냐하면 우상을 숭배하는 사람들도 사실은 종교적인 사람들이기 때문이다. 종교는 인간의 지성 또는 기억처럼 인간의 본질에 속한 것이다. 종교가 그토록 중요한 인간의 본질에 속한 한 부분이기 때문에, 세상 시스템은 모든 부분을 완성시키는데 필요한 부분들 가운데 하나로 종교까지도 특별히 제공해주는 것이다. 사람 속에는 아름다움을 사랑하는 마음이 있기에 쉽게 부드러운 감명에 이끌린다. 그래서 아름다운 음악, 인상적인 예식, 그리고 엄숙한 종교의식 등은 그러한 사람들을 위해서 준비되어 있다. 어떤 사람은 여타 인간의 본성과는 달리 자유분방하기도 한다. 그러한 사람은 자신의 감정을 굳이 숨기고자 하지 않는다. 어떤 사람은 냉철하고, 내성적이며, 합리적이다. 그러한 사람은 정통적이고 보수적인 것에 끌린다. 양심적이고, 소심한 기질을 가진 사람은 이런 저런 일을 하는 것을 고행으로 여긴다. 하지만 그러한 사람의 요구들도 다 충족된다. 그래서 이처럼 다양한 기질을 가진 사람들을 만족시킬만한 여러 가지 신조와 교리와 종파가 있다. 이 모든 것들은 육신에 속한 종교적 감정이 만들어낸 그림자이다.

과연 이 시스템 가운데 어느 하나라도 숭고하거나 온전한 것이 있을까? 그런 것은 없다. 허다한 군중들에게 그저 충분한 즐거움과 만족을 제공하면 그뿐이다. 그래서 사람들의 마음은 늘 바쁘다. 그들의 정신도 늘 바쁘다. 만일 하나가 실패하면 다른 것이 곧 준비된다. 심지어 죽음과 사별의 아픔도 얼마 가지 않는다. 왜냐하면 세상 시스템이 장례식과 상복과 방문록 등 필요한 모든 것을 다 구비해 놓았기 때문이다. 따라서 세상은 이미 오래전부터 슬픔을 극복할 수 있는 방안을 마련해놓고, 일이 시작되기도 전에 풀 서비스를 제공하고 있다. 이제 하나님은 그들 가운데 정말 소수의 사람들의 눈을 열어서, 세상의 사업, 정치, 교육, 정부, 과학, 기술, 철도, 전기통신, 사교 모임, 자선단체, 사회개선과 종교개혁, 그리고 세상 시스템의 발전 등의 허상을 보게 하신다. 이 세상 시스템은 날마다 개선되고 개혁되고 있다. 시대의 발전이란 단지 세상 요소들의 발전에 불과하다. 그리스도께서 세상과 맺고 있는 관계가 바로 그리스도인이 세상과 맺는 관계이다. 주님이 계신 자리는 하늘에 있다. 주님이 계신 자리는 아래 세상이 아니다. 그 사실이 우리의 자리를 규정한다. 세상의 근원은 어디일까? 사탄이 이 세상의 신이며, 공중 권세 잡은 왕이며, 이처럼 거대한 시스템을 운영하는 운영자라는 말을 듣는다면, 당신은 과연 놀랠 것인가? 세상에 속한 모든 것은 사탄의 힘과 지략에서 나온 것이며, 그의 천재성의 결과이다. 그래서 사탄은 실로 세상의 임금인 것이다. 예수 그리스도께서 세상에 계실 때, 마귀가 와서 세상의 모든 나라와 그 영광을 보여주며, "이 모든 권세와 그 영광을 내가 네게 주리라 이것은 내게 넘겨 준 것이므로 나의 원하는 자에게 주노라 그러므로 네가 만일 내게 절하면 다 네 것이 되리라"(눅 4:6)고 말했다. 여기서 우리는 우리 눈을 가리고 있던 커튼이 들어 올려지는 것을 느낄 수 있다. 그리고 모든 인간이 종교적으로 경배하는 실제 대상이 누구인지를 볼 수 있다. 성경은 사탄에 대해서 "완전한 인이었고 지혜가 충족하며 온전히 아름다웠도다"(겔 28:12)고 말할 뿐만 아니라, 스스로를 "광명의 천사처럼" 꾸밀 수 있다고도 말한다. 생각 없는 사람이, 어쩌면 생각이 많은 사람들이 이렇게 사탄에게 속임을 당하고 있다는 것을 누가 생각이나 했겠는가? 진정 하나님의 말씀과 성령의 기름부음에 의해서, 이 모든 것을 볼 수 있도록 허락받은 소수의 사람들만이 세상이 정말 무엇인지를 알 수 있을 뿐이다. 어떤 사람들은 만일 자신이 소위 세상적인 쾌락을 포기하고 또 교회 또는 종교 단체의 회원이 되기만 한다면, 세상의 올무에서 벗어날 수 있을 거라고 생각한다. 이는 자신들이 이미 세상 시스템에 깊숙이 자리를 잡고 있으며, 세상 임금인 사탄만이 그들을 한 곳에서 다른 곳으로 옮길 수 있을 뿐만 아니라, 그들의 불안한 양심을 잠재우기도 하지만 그들로 그저 자기만족에 빠지게 할 수 있다는 것을 모르기 때문에 일어나는 현상일 뿐이다.

일이 이렇다면 진짜 문제는, 그에 대한 치료책은 무엇인가? 에 있다. 그저 세상 시스템을 따라 살면서 넓은 길을 걷는 사람들은 과연 세상의 통제를 어떻게 벗어날 수 있는가? 우리는 과연 세상에 속한 것과 하나님에게 속한 것을 어떻게 알 수 있을까? 사도 바울은 이렇게 말했다. "무릇 하나님의 영으로 인도함을 받는 그들은 곧 하나님의 아들이라." (롬 8:14) 구원받은 사람의 정상적인 삶의 모습은, 사람의 몸이 머리의 지배를 받듯이, 그리스도에 의해서 다스림을 받으며 사는 것이다. 머리가 움직이라는 명령을 내리지 않는 한, 아무런 손과 발의 움직임도 없는 것이 건강한 삶이다. 머리와 몸의 지체가 하나의 몸을 이루고 있듯이 예수 그리스도는 그리스도인의 머리이시며, 그리스도인은 작은 일이건 큰 일이건 모든 일에 그리스도의 직접적인 지시를 받는 자리에 있다. 이러한 몸의 원리를 따라 살 때 그리스도인은 세속적인 사람이 될 수 있는 싹을 잘라내게 된다. 왜냐하면 인간의 자유의지는 세상 시스템이 비집고 들어올 수 있는 기회를 언제든지 제공할 수 있기 때문이다. 하지만 그리스도인 삶의 원리는 항상 하나님을 의지하고 또 그분의 뜻에 순종하는 것이다. 사탄의 큰 야망은 인간을 위하여, 하나님의 영으로 인도함을 받는 원리를 완전히 대체할 수 있는 새로운 시스템을 세우는 것이다. 이것은 사탄의 최종적인 걸작품이 될 것이며, 이는 빠르게 다가오는 엄청난 배도의 주요한 특징으로 나타나게 될 것이다. 그때 사탄은 공개적으로, 자신을 이 세상 신으로 선포할 것이다. 이것은 지금까지 숨겨온 비밀에 대한 일종의 폭로인 셈이다. 그렇다면 지금이야말로 그리스도인들이 잠에서 깨어나고 또 심판을 향해 그토록 속히 무르익어만 가는 세상 시스템과 나 자신이 어떤 식으로든 영합을 이루고 있지는 않은지를 살펴야 하는 최적의 시간이 아닐까? 하지만 당신은 "어떤 식으로든 그들을 도와야 하지 않을까요? 우리는 정부와 사회의 일원으로서, 우리와 사업을 하고 또 직업상 관계하고 있는 사람들에게 이러한 것들을 알려야 할 책임이 있지 않습니까?"라고 말한다. "사업은 계속되어야만 하니까요." 그렇다. 이것이 모든 사람이 인정하는 필연성이다. 하지만 모든 사람이 인정할지라도 하나님은 인정하지 않을 수 있다는 사실을 잊지 말라.

"세상을 이긴 이김은 이것이니 우리의 믿음이니라."(요일 5:4) 믿음은 그것이 가능한지 가능하지 않은지, 그 외적인 환경을 보지 않는다. 믿음은 보이는 것을 무시하고 하나님을 바라본다. 여기저기에 있는 대부분 사람들은 사람에게 필요한 일이 무엇인지 또 필요하지 않은 일이 무엇인지 우리에게 말해주고 싶어 안달을 한다. 이는 사람에게 적합한 것에 대한 기준이 각자 저마다 있기 때문이다. 하지만 하나님의 자녀는 사람들이 말하는 것에 주의하지 않고, 다만 하나님께 합당한 것인가를 따지고 그대로 행한다. 왜냐하면 하나님께 합당한 것이 하나님의 기준이고 하나님의 표준이기 때문이다. 사람들은 나름 합리적이고 만족스러운 기준을 제시하지만, 그것은 믿음으로 행하는 사람에겐 아무 것도 아닐 수 있다. 믿음의 사람은 세상 모든 사람이 옳은 길이라고 생각하는 것도 틀릴 수 있음을 알고 있다. 모든 사람이 옳다고 생각하는 길은 그야말로 넓은 길이다(눅 7:13,14).

예를 들어보자. 모든 사람들은 그리스도인도 한 나라의 시민이기 때문에, 자신이 속한 국가 정부에 헌신도 하고, 좋은 정치인에게 힘을 실어주기 위하여 투표도 해야 한다고 말한다. 하나님은 다르게 말씀하신다. 많은 곳에서 다양한 방법으로 하나님은 하나님의 자녀된 나에게, 나는 지상 나라의 시민이 아닐뿐더러, 어느 사회 공동체의 일원도 아니라고 말씀하신다. 나의 시민권은 하늘에 있다. 그래서 나는 오로지 하늘에 속한 일들에만 힘을 쏟는다. 그리스도의 십자가는 나를 세상에 대하여 못 박았고, 세상도 나에 대하여 못 박혔다. 만일 나의 마음과 정력을 땅에 속한 일들에 쏟게 되면, 나는 그리스도 십자가의 원수가 될 것이다. 세상을 본받지 말라. 그렇다면 세상 정부에 대해 무엇을 해야 하는가? 하나님께서 정하신 대로, 세상 권세들에게 굴복하라. 세금을 부과하면, 내라. 그리고 하나님께 임금들과 높은 지위에 있는 사람들을 위하여 중보기도를 하

라. 그리스도인이 정치와 관련해서 해야 할 일은 권세 있는 자들에게 굴복하되, 진노를 인해서만 할 것이 아니라 또한 양심을 인하여 해야 한다는 것이다. 사실 그리스도인은 그리스도 안에서 "만물"의 후사로서, 하나님은 세상 시스템이 작동되고 있는 이 세상 뿐만 아니라 장차 올 세상까지 받은 사람들이지만, 지금 그리스도인이 밟고 있는 이 세상을 현재적 기업으로 받은 것은 아니다. 그래서 "의인은 믿음으로 말미암아 살리라"고 말씀하셨다. 그래서 하나님의 참 자녀가 투표에 참여하지 않는다고 했을 때, 그것은 투표 자체가 잘못된 것이기 때문이 아니라, 사실은 하나님께서 만왕의 왕이시며 만주의 주님으로 높이신 하늘에 계신 인자에게 자신의 모든 관심과 모든 표를 주었기 때문인 것이다. 그리스도인은, 하늘에 속한 것들에 더욱 매료된 까닭에 이 세상에 속한 것들에 대한 흥미를 잃은 사람이다. 게다가 그리스도인은 세상의 정신과 본질이 경건하지 않을 뿐만 아니라 세상이 자랑하는 개혁과 발전이 실상은 사람의 마음을 하나님에게서 떠나게 하는 것으로 작용한다는 것을 꿰뚫어보는 사람이다. 그리스도인은 진리를 위하고 또 하나님을 위하는 일에 증인으로 우뚝 서기를 갈망하는 사람이다. 게다가 사람들이 평화와 안전을 자축할 때에도 하나님의 심판과 그리스도의 재림을 증거하는 사람이다. 그리스도인은 이 모든 것들을 도구로 사용해서, 사람들로 하여금 사탄이 인류를 옭아맨 올무에서 벗어나도록 돕는 사람이다.

구원받은 우리 그리스도인은 세상에서 거절당하신 그리스도의 편에 서서, 그리스도를 십자가에 못 박은 세상과는 구별된 삶을 살아야 한다. 하늘 길을 가는 사람으로서 흠이 없고, 순전할 뿐만 아니라 "어그러지고 거스리는 세대 가운데서 하나님의 흠 없는 아들들로 세상에서 그들 가운데 빛들로 나타나도록"(빌 2:15) 해야 한다. 하지만 이렇게 살려면 대가를 지불해야 한다. 어쩌면 급류 가운데 홀로 우뚝 선 바위처럼 되어야 할지도 모른다. 나를 둘러싸고 있는 모든 것이 강하게 한 방향으로 움직일 것이다. 지속적인 압박과 압력이 있을 것이고, 끊임없는 반대에 부딪힐 것이다. 만일 움직이지 않는 든든한 반석이 아니라고 할 것 같으면, 그냥 휩쓸려나갈 것이다. 하나님의 말씀을 배우고, 그 말씀들에 순종하고 또 우리 삶에서 만나는 사람들에게 증거하는 것을 배운다 해도, 폭풍은 몰려올 것이다. 소위 교회에 속하여 다른 사람들처럼 종교생활을 하면서, 정직한 사람이 되고 또 좋은 시민이 되면 핍박을 피할 순 있지만, 그럼에도 급류에 휩쓸려가는 것은 매한가지이다. 하지만 하나님을 위하여 세상에서 빛들로 나타나는 삶을 사는 그리스도인은 세상의 적대감을 불러일으킬 것이다. 이렇게 자신의 삶 속에서 그리스도께서 나타나도록 하는 곳마다, 그리스도에 대한 미움이 나타날 것이다. 만일 그리스도의 모습이 내게서 보인다면, 나는 그 때문에 미움을 받게 될 것이다. 만일 내가 세상의 명성을 추구한다면, 만일 아무도 나를 그리스도인이란 이유로 해를 끼치고 있지 않다면, 그렇다면 무엇인가? 만일 예수의 생명이 나의 죽을 몸에 나타나고 있지 않다면, 그리스도는 나에게서 종적을 감추어 버리신 것이다.

이제 문제는 이것이다. 일단 사람이 하나님을 진짜로 알게 되었을 뿐만 아니라 하나님의 아시는 바 되었다면, 그는 세상 시스템에 속한 것들에서 마음을 돌이켜 하늘을 우러러 보며, 높은 곳에 계신 그리스도와의 연합을 갈망하게 된다. 그렇다면 우리는 얼마든지 이렇게 질문할 수 있다. 그런 사람이 어떻게 다시 약하고 천한 초등학문으로 돌아갈 수 있단 말인가? 이제 그는 하나님의 아들이 되었고, 생명을 가지고 있을 뿐만 아니라 그리스도 안에서 영생을 가지고 있으며, 내주하시는 성령으로 말미암아 말씀을 통해서 자신에게 계시된 머리되신 그리스도와 연합을 이루고 있다. 그런데 그렇게 하나님을 아는 사람이 어찌 계속해서 세상에 관심을 가질 수 있단 말인가? 과수원에 간 한 소년을 생각해보자. 자기 옆에는 아주 맛있는 사과들이 주렁주렁 열린 나무가 있는데, 굳이 맛도 없는 돌 사과를 열심히 베어 먹고 있다. 그 소년은 진정 맛있는 사과가 무엇인지 모른다고 생각할 수밖에 없다. 마찬가지로 누군가 사람이 만든 시스템에 속한 것들에 올인하고 있다면, 우리는 그가 과연 하나님을 아는 사람인지 묻지 않을 수 없다. 이것이 바로 하나님의 말씀이, '너는 투표하지 말라. 너는 이 악한 세상에 이름을 남기려고 하지 말라. 너는 수치를 감당하라'와 같이 명확한 명령조로 주어지지 않은 이유인 것이다. 그렇다. 하나님의 말씀은 주님을 사랑하는 제자들, 즉 이기적인 마음이 부서지고 오직 상한 심령을 가진 채, 진정 주님의 마음을 알고 싶어 하는 사람에게 비밀을 계시해주는 방식으로 임한다. 즉 주님을 더욱 닮고 싶은 마음에서, 그리고 이 악한 세상을 본받지 않고 오직 변화를 받기 위해서 주님과 더욱 친밀한 교통을 나누고자 주님의 은밀한 곳으로 가까이 나아가는 사람들에게 주의 비밀은 점진적으로 열리는 것이다. 결코 구약시대의 레위 제사법에 있는 규율처럼 "너는 이것을 하라, 이것을 하지 말라"는 식으로 주어지지 않는다. 다만 우리 눈이 밝으면, 모든 것을 밝히 보고 쉽게 분별할 수 있다. 이는 참으로 경이로운 방법이다. 하나님을 사랑하는 마음을 가진 사람은 하나님의 뜻을 발견하는 일에 어려움을 겪지 않을 것이다. 반면 하나님을 진실히 사랑하는 마음이 없는 사람은 하나님의 뜻과 관계없는 길을 걸어가면서 그것을 핑계 대는 일 외에는 할 수 있는 것이 없을 것이다. 이것을 설명하기에 좋은 사례를 들어보자. 여기에 사랑스럽고 순종적인 아들이 있다. 그는 부모의 훈육을 잘 배우고 따른다. 그에겐 순종하는 것이 쉽고 자연스럽다. 반면 또 다른 아들이 있는데, 그는 자기 멋대로다. 항상 자기에게 이익 되는지 그렇지 않은지를 따지며, 자신에게 이익이 된다고 생각될 때만 순종한다. 그는 이렇게 말할 것이다. "저는 몰랐습니다. 아버지는 제게 이런저런 일을 하지 말라 던가, 저런 곳은 가지 말라는 말씀을 하신 적이 없잖아요."

이제 마무리를 해보자. 당신은 어느 정도는 세상 시스템과 접촉을 피할 수 없을 것이다. 이러한 접촉은 세상과 교제하거나 사귐을 나누는 것은 아니다. "그리스도와 벨리알이 어찌 조화" 될 수 있는가?(고후 6:15) 다만 그리스도께서는 이렇게 기도하셨다. "내가 비옵는 것은 저희를 세상에서 데려가시기를 위함이 아니요 오직 악에 빠지지 않게 보전하시기를 위함이니이다."(요 17:15) 이 세상에 속하지 않았던 예수님은 고난을 당하셨고 어려움을 겪으셨다. 외로움과 시련이 일생 함께 했다. 따라서 우리가 그리스도의 발자취를 따르는 한, 우리에게도 외로움과 시련이 일생 함께 할 것이다. 우리 가운데 너무도 많은 사람들이 무신론적인 사상으로 가득한 세상 시스템 아래서 너무도 안락함과 편안함과 만족을 취하고 있지 않은가? 여기가 집이라면, 그리스도는 어디에 계신가? 만일 우리가 그리스도의 사람들이라면, 우리는 이 세상에서 집 없는 방랑자이며 순례하는 여행객일 뿐이다. 우리가 세상에 머무는 동안 세상과의 접촉은 불가피한 일이긴 해도, 접촉하지 않아도 되는 많은 일에 굳이 접촉을 시도할 필요도 없고, 만일 우리가 항상 예수 죽인 것을 몸에 짊어진다면 전혀 접촉할 일도 없을 것이다. 원수는 사람들의 마음을 온갖 거짓과 속임수로 유혹하며, 심지어 하나님의 자녀들까지도 속이려한다. 그래서 육신적인 사람들은 종교 집회, 성령 부흥회, 기독교인들의 회합 등에 부지런히 참여하는 것으로, 하나님의 아들을 믿는 믿음으로 사는 삶을 대신한다.

옛 믿음의 선진들은 "하나님을 기쁘시게 하는 자라 하는 증거를" 받았지만(히 11:5), 세상 사람들에게선 멸시를 당했다. 그러한 사람들은 "지금까지 세상의 더러운 것과 만물의 찌끼같이" 취급을 당하지만(고전 4:13), 그들의 행실은 하늘에 기록되어 있다. 우리는 어떠한가? 혹 그들과는 달리 세상의 칭송을 받고 있지는 않은가? 우리는 세상 시스템과 충돌을 일으키기 보다는 거기에 그저 맞추며 살아가고 있지는 않은가? 정녕 그렇다면 우리는 그리스도의 사람으로서 너무도 불충을 저지르고 있을 뿐만 아니라 십자가와 그 능욕을 벗어버리고 있는 것이다. 하나님의 말씀은 불변의 진리로 우뚝 서있다. 그리스도 예수 안에서 경건하게 살고자 하는 사람은 핍박을 받을 것이다. 좁은 길이 있다. 우리 가운데 "아주 소수의 사람"만이 그 길을 걷고 있다. 우리는 항상 주님의 신임장을 지니고서, 이 길을 걸어가야 한다. 즉 우리는 성령으로 인침을 받았고, 장차 우리는 구름 속으로 휴거되어 공중에서 주를 영접할 것이며, 그리하여 항상 주와 함께 있게 될 것이다. 이 얼마나 복된 소망인가!

JND

그리스도의 영광의 복음
The Gospel of the Glory of Christ

by 윌리암 켈리

"어두운 데에 빛이 비치라 말씀하셨던 그 하나님께서 예수 그리스도의 얼굴에 있는 하나님의 영광을 아는 빛을 우리 마음에 비추셨느니라."(고후 4:6)

하나님의 말씀은 단순하면서도 대단히 신뢰할만하며, 게다가 깊이가 있다. 그래서 나는 이 구절을 세세히 설명하는 수고를 감내하기보다는, 이 구절에 담긴 진리에 집중하고자 한다. 사도 바울은 과연 무슨 의미에서 "하나님의 영광을 아는 지식의 빛이 예수 그리스도의 얼굴에 있다"고 말하는 것일까? 분명 여기엔 광명한 지식이 암시되어 있으며, 이러한 지식은 현재 뿐만 아니라 영원에 이르기까지 숭고한 가치를 띠고 있다.

사도 바울의 의미심장한 외침을 들어보라.

"어두운 데에 빛이 비치라 말씀하셨던 그 하나님께서 예수 그리스도의 얼굴에 있는 하나님의 영광을 아는 지식의 빛을 우리 마음에 비추셨도다!"

우리 주님은 다양한 형태와 깊음을 간직하고 있는 빛과 생명이 가진 엄청난 중요성에 대해 말씀하셨다. 형태는 달라도, 말씀하시는 동안 주님 속에 내재되어 있는 본질에 속한 동일한 진리가 나타났다. 주님은 아버지께 "유일하신 참 하나님과 그가 보내신 자 예수 그리스도를" 알게 해달라고 간구하셨다. 과연 주님은 그처럼 독특한 것, 게다가 우리 영혼에 그처럼 효력을 미치는 것을 무엇이라 부르셨는가? 바로 "영생"이라고 부르셨다. 이처럼 영생이라고 하는 신성한 지식을 경시하거나, 아니면 그저 무슨 인간의 사상 정도로 깎아내리는 것은 엄청난 위험을 초래한다. 의심의 여지없이 피조물에 대한 무슨 지식은 아버지와 아들을 알고 또 자신이 왔던 그 영광 속으로 다시 돌아가신 그리스도에게 속한 위격의 영광과 그리스도의 사역 속에 담긴 그 무한한 가치와 공로에 비교해보면, 먼지처럼 지극히 작다. 그럼에도 영생과 같은 고상한 지식은 크게 변질될 수 있으며, 쉽게 무시되곤 한다. 하나님의 말씀을 지적인 방식으로 접근하는 영혼들은 그럴 수밖에 없다.

성령으로 인도함을 받는 신자에겐, 무엇보다 성령님은 그의 양심을 다루신다. 성령께서 양심을 다루시기 전까지 신자에게 무슨 일이 일어날까? 우리는 이것을 베드로의 경우를 통해서 볼 수 있다. 처음 주님을 고백하고 난 후(요 1장) 베드로는 계속해서 회심한 사람이었지만, 그럼에도 자신이 아무 것도 아닌 존재라는 깊은 교훈을 필요로 했다. 모든 회심한 영혼은, 자신이 실제적으로 복을 받을 뿐만 아니라 또한 다른 사람에게로 하나님의 복이 흘러가는 복의 통로가 되려면 회심 이상의 교훈을 받아야 한다. 주님의 이름을 고백한 영혼들이 자신의 몸으로 하나님께 영광을 돌리도록 잠시 허락된 세상에서, 오히려 그 세상의 방식에 자신을 종속시키는 일이 과연 주님께 영광이 되겠는가? 고린도전서 6장 20절은 "값으로 산 것이 되었으니 그런즉 너희 몸으로, *너희 영으로* 하나님께 영광을 돌리라 이 둘은 하나님의 것이니라"(KJV 참조)고 되어 있다. 하지만 개역 성경은 "너희 영으로"란 단어를 생략하고 있다. 원문 성경에 익숙한 사람은 이 사실을 알고 있으며, 상당히 중요하다는 것을 느낄 것이다. 왜냐하면 대부분 사람들은 몸으로 사는 세상에서 영으로 선하다고 생각하는 대로 행동하기 때문이다.

자아를 제대로 판단하지 않으면, 우리는 결코 우리를 향한 주님의 무한한 사랑을 풍성하게 누릴 수 없다. 그렇다면 우리 마음은 지식을 초월하는 사랑으로 충만해지는 대신, 산만한 감정으로 분열될 수밖에 없다. 이처럼 우리 존재를 주님의 사랑으로 온통 잠기게 하는 일은 우리 자신이 아무 것도 아닌 자리로 내려가기 전까지는 일어날 수 없다. 따라서 주님은, 베드로가 동료들과 함께 밤새도록 수고하였지만 아무 것도 잡지 못했을 때에야 비로소 그물을 내릴 곳을 알려주셨다(눅 5장). 물고기 잡는 일에 익숙한 사람들은 육지 사람의 말에 귀를 잘 기울이지 않는 법이다. 그들은 자신의 경험과 기술만을 믿을 뿐 다른 사람의 간섭을 무척 싫어한다. 보통 사람이 베드로에게 그 말을 했다면, 그건 무척 주제넘은 말이었을 것이다. 하지만 둘째 사람이자 마지막 아담이신 예수 그리스도께서 말씀하셨다. 그리스도는 하나님을 세상에 소개하신 인자셨다. 이것이 그리스도 사역의 첫째 부분이었고, 그 다음 부분은 죄를 세상에서 제거하는 일이었다. 모든 죄가 제거되었다는 것이 어쩌면 당신에겐 하나의 사실로 이루진 일이 아닐 수 있지만, 십자가에서 이 모든 일은 이미 이루어졌다. 하나님은 당신의 영혼 속에도 이 일을 이루고 싶어 하신다. 이미 화목케 하는 사역이 이루어졌고, 이 사역은 머지않아 하나님의 능력에 의해서 당신의 영혼 속에도 이루어질 것이다.

친구들이여, 나는 우리 영혼을 구원하는 구속(救贖) 사역을 소개하고자 한다. 나는 여러분 영혼의 안식을 위해서, 하나님의 뜻에 따라 이루어진 그리스도의 사역을 받아들이길 간청한다. 히브리서 10장은 이 구속 사역이 그리스도의 몸을 드리심으로 말미암아, 단번에 영원히 이루어졌다고 선언하고 있다.

다시 베드로의 이야기로 돌아가 보자. 우리는 베드로가 자신의 경험에도 불구하고 주의 말씀을 좇아 순종하는 것을 볼 수 있다. "선생이여 우리들이 밤이 맞도록 수고를 하였으되 얻은 것이 없지마는 말씀에 의지하여 내가 그물을 내리리이다."(눅 5:5) 그 결과는 "고기를 에운 것이 심히 많아 그물이" 찢어질 정도였다. 이런 일은 하나님의 복을 받을 때 흔히 일어나는 일이다. 준비했던 그릇은 복을 다 담기엔 부족했다. 그래서 허둥대는 일이 따라온다. 보화가 좋지 않기 때문이 아니라, 하나님의 종들이 실로 연약하기 때문이다.

그럼에도 베드로는 아주 중요한 교훈을 배웠다. 자신이 아무 것도 아니라는 것을 자기 스스로도 보고 마침내 인정했던 것이다. 이렇게 되기까지 그는 많은 연단을 받아야만 했다.

이제 종에서 주인, 주님, 그리고 구주에게로 넘어가보자. 만일 당신이 아직까지 그분의 음성을 들어본 적이 없다면, 이제 마음의 준비를 하길 바란다. "예수 그리스도의 얼굴에 있는 하나님의 영광을 아는 지식의 빛"이란 표현은 얼마나 놀라운 것인가? 이 세상에서 일어날 수 있는 일 가운데 가장 놀라운 일은 **영혼의 회심**이다. 우리는 다른 사람이 회심했는지 그렇지 않은지 여부를 알 수 있는 척 할 순 없지만, 다른 사람의 회심이 우리에게 무척이나 중요한 일로 생각하는 것은 지극히 당연하다. 우리는 진정 회심한 사람에게서 무언가 다른 것을 느낀다. 그 달라진 것을 딱히 말로 설명할 순 없을지라도, 진정 세상에 있는 것들을 초월하는 그 무언가가 있다. 그처럼 차이를 나타내는 것은 구원받은 그 사람에게도 무척이나 중요하다. 바로 구주에게 있는 하나님의 영광을 아는 지식의 빛이 그 회심한 사람에게 비추었기 때문이다. 참으로 회심한 사람에게선 이처럼 신적인 빛이 그 얼굴에 나타나게 되어 있다. 그 빛은 베드로에게서 나오는 것이 아니다. 안드레, 요한, 심지어 바울에게서 나오는 것도 아니다.

바울은 어떻게 회심했는가? 하늘로서 나오는 주 예수님의 음성을 듣고, 그 탁월한 영광을 자기 눈으로 봄으로써 회심했다. 그 거룩한 산에서 변모되었던 예수님의 모습은 지금 영화롭게 되신 모습의 일부였을 뿐이었다. 주 예수님은 다소의 사울에게 나타나셨던 바로 그 영광의 중심에 계신다. 그 영광을 본 사람은 땅바닥에 엎드러지지 않을 수 없다. 주님 자신이 나타나셨건만 다른 사람처럼 보일 정도였다. 그것은 너무도 거룩한 모습이었고, 사람의 눈이 감당할 수 없을 정도로 황홀한 광경이었다. 바울에게 일어난 일은 초자연적인 역사였고, 주님의 모습을 보고 또 주님의 음성을 들었던 일은 경이로운 일이었다. 모든 점에서 그것은 위대한 회심의 역사였고, 보기 드문 일이지만 이 회심의 역사엔 초자연적인 일들이 뒤따랐다. 그리스도께서 공생애 동안 일으킨 이적들은 대부분 불신자들에게 하나의 표적이었다. 하지만 다소의 사울의 경우, 주님은 모든 평범한 일을 넘어 엄청 경이로운 역사를 통해서 그를 하나님께로 이끄셨다. 이 일은 지상에 사는 한 사람이, 하나님의 권능에 의해서 하늘에 있는 주님을 보고, 주님의 음성을 듣는 일이었다. 게다가 이 일은 밝은 대낮에 일어났다. 그리스도인들을 박해하는 무리들 가운데서 일어났지만, 그들 가운데 어느 누구도 하나님의 은혜가 사울이란 사람을 선택하는 일을 막을 순 없었다.

이런 일이 당신의 영혼에게도 일어나길 바라는가? 다소의 사울이 사도 바울로 변화되었다니 이 얼마나 놀라운 일인가? 사울의 회심은 성경이 보여주는 가장 극적인 회심이었다. 그 순간 사울 편에선 무슨 일이 일어났을까? 회개가 있었는가? 아니면 무슨 죄책감으로 괴로워한 일이 있었는가? 그는 오로지 예수의 이름을 없이하는 일에 스스로 십자군으로 자처하고 있었다. 그 당시 그는 "주의 제자들을 대하여 여전히 위협과 살기가 등등했다." 그는 그처럼 종교적 자만심으로 가득했고, 그 시대 지상에서 최고의 권위를 받아 가지고 있었다. 다시 말해서 그는 대제사장에게서 다메섹 여러 회당으로 가지고 갈 공문을 가지고 있었고, 주 예수의 이름을 고백하는 사람이면 남녀를 가리지 않고 결박하여 예루살렘으로 잡아 올 수 있는 권한을 가지고 있었다. 그는 일찍이 스데반의 순교에 가담한 사람이었고, 자기 죄를 부끄러워하기는커녕 오히려 자랑스럽게 생각하는 사람이었다.

종교적 교만 보다, 사람의 마음에서 온정을 몰아내는 것이 없고, 그보다 온순한 사람을 무자비하고 잔혹한 사람으로 만드는 것도 없으며, 그보다 자비를 베푸는 일에 마음의 문을 닫아걸게 하는 것도 없다. 만일 사탄에게 사로잡힌 채, 유일하신 구주에게 등을 돌릴 뿐만 아니라 대적하는 사람이 있었다고 할 것 같으면, 그건 바로 다소의 사울이었다. 그는 어느 누구에게서도 권면의 말을 듣고자 하지 않는 사람이었다. 조금도 의심이나 두려움이 그저 자신이 옳다하는 바를 맹목적으로 좇았다. 그는 예수의 이름을 부르는 사람은 죽어 마땅하다는 생각에 사로잡혀 있었다. 성경의 기록을 통해서 우리가 사울에 대해서 배울 수 있는 것은, 주의 음성을 듣고 땅바닥에 무릎을 꿇을 때까지, 그는 전혀 다듬어지지 않은 광물질과 같은 사람이었다. 다메섹으로 가는 길에 사울과 동행했던 사람들은 무언가 기이한 일이 일어나고 있음을 알았다. 대낮에 햇빛보다 더 밝은 빛이 하늘로서 사울을 둘러 비추었다는 것은 초자연적인 일이 일어난 것이었다. 그리고 음성이 들렸다. 나는 그저 음성이 들렸다고 표현할 수밖에 없다. 왜냐하면 다른 사람들의 귀엔 그저 무슨 소리가 들리긴 했지만 알아들을 수 없었기 때문이다. 하지만 그것은 생명을 주시는 그리스도의 음성이었고, 정확하게 사울의 귀에만 들렸다. 그것은 사울의 영혼을 다시 살리는 초자연적인 회심의 역사였다.

이와 같은 초자연적은 음성은 모든 사람의 영혼을 한 지점으로 이끈다. 그래서 믿거나 아니면 거절하거나, 양단간 결말이 난다. 한때 독일에서는 사울에게 일어났던 이 사건을 마치 우박을 동반하고 천둥번개가 치는 폭풍이 일어난 것으로 해석하고, 또 집단 최면에 걸린 사건으로 축소시키려고 했다. 어째서 그런가? 왜냐하면 불신자들은 그리스도 안에 나타난 진리와 하나님의 사랑을 미워하기 때문이다. 반면 우리 영국 사람의 경우, 하나님의 일을 판단하는 기준이 좀 더 세밀한 편이다. 그렇긴 하지만, 점차 현대 사상의 기류와 동조하는 성향이 짙어지고 있다. "학자적 기풍을 풍기는 독일 사람들"의 모습은 많은 사람들에게 매력적으로 보이는 건 사실이다. 만일 독일 사람들이 담대하게 회의적인 사람들이라면, 영국 사람들은 그들을 맹종하는 것을 부끄럽게 생각하지 않고 있다. 영국 사람들은 독일 사람들을 추종하고 있다. 어디까지 좇아가고 있을까? 하나님과 그의 그리스도를 떠나고, 다소의 사울에게만 아니라 오늘날 우리 모두에게 나타난 은혜로부터 등을 돌리고 있는 데까지 좇아가고 있다. 그때 사울에게 은혜로 주어진 것은 생명이었다. 만일 그대가 지금 그리스도를 믿는다면, 그대에게도 지금 생명이 주어질 것이다. 만일 그대가 그리스도를 계속 거절하고 있다면, 그것만큼 하나님 앞에서 더 나쁜 일도 없음을 알기를 바란다. 그리스도가 누구신가? 그리스도는 다소의 사울에게 하나님의 복을 가져다주시고 또 하늘에 속한 모든 신령한 복으로 복을 주시는 분이시다.

그 빛이 당신에게도 비추고 있지 않은가? 지금 그 빛이 당신의 마음을 비추고 있음이 느껴지지 않는가? 구주께서 오셨고, 죄를 속죄하는데 필요한 모든 일이 이미 이루어졌다. 오늘날 믿지 않는 유대인들은 여전히 메시아를 기다리고 있다. 반면 입술로만 신앙을 고백할 뿐 여전히 믿지 않는 기독교인들은 무엇을 기다리는가? 세례를 받았지만 그 마음 속에 여전히 믿음이 없고 생명이 없는 사람들은 도대체 무엇을 믿는 것인가? 그들은 불신자보다 상황이 더 좋지 않다. 그리스도인의 세례(침례)가 의미하는 바는 그리스도께서 우리의 모든 죄들(sins)을 용서하고자 죽으셨고, 우리 속에 있는 죄(sin)가 정죄되었음을 믿노라는 신앙 고백이다. 하지만 세례(침례)를 그저 하나의 예식으로만 받아들일 뿐, 죽으셨다가 다시 살아나신 그리스도를 믿는 믿음과 아무 상관이 없다면, 그 세례(침례)가 무슨 의미가 있단 말인가? 의심의 여지없이, 세례(침례) 속에 내포되어 있는 진리는 위대한 진리이다. 세례(침례) 속에는 그리스도께서 그저 단순히 메시아가 아니라, 구속의 역사를 완성하셨고 또 우리가 지은 모든 죄들을 용서하시고 화해의 역사를 이루셨으며, 게다가 우리를 위하여, 그리고 하나님께 제사와 예물을 드리신 구주로 나타나 있다. 뿐만 아니라, 그리스도께서는 부활하셨고, 하늘 영광 가운데 계신다. 그리스도께서 다소의 사울에게 말씀하실 때, 그분은 자신이 입으신 영광 가운데서 자신을 계시하신 것이었다.

분명 구원은 개인 영혼 속에 일어나는 일이다. 사울은 그 당시 많은 사람들이 있었지만, 그 가운데서 복을 받은 유일한 사람이었다. 이보다 더 감명 깊은 일은 없다. 지상에서 도덕적인 면에서 사울보다 더 진중하고 더 엄격한 사람이 있을까? 사울은 회심하기 이전 자신이 율법을 어겼다는 생각을 해본 일이 없는 사람이었다. 하지만 빛이 자신의 실상을 드러내고, 계명이 임하자 죄는 살아나고 그는 죽게 되었다. 그는 영적으로 각성되어 율법의 넓이와 깊이를 알기 전에는 자신에 대해서 상당히 만족스럽게 생각했던 사람이었다. 중대한 범죄를 저지른 적이 없었기 때문이었다. 그는 회심 이전, 그저 바르고 올곧게 살았다. 그는 정직했고, 직설적이었고, 양심적이었고, 진솔했고, 다른 사람들과 비교했을 때 육신적인 종교심이 매우 출중한 사람이었다. 게다가 그는 엄청난 능력의 소유자였다. 그는 현재적 유행 보다는 과거에 하나님이 자기 백성 이스라엘에게 주신 믿음과 제도에 심취해있었다.

하나님은 사울의 회심을 특별하고도 경이롭게 하셨는데, 이는 "후에 주를 믿어 영생 얻는 자들에게 본이 되게 하려는"(딤전 1:16) 것이었다. 사울의 회심에는 우리 주의 은혜가 넘쳤다. 그리고 주의 은혜가 성경에 기록된 것은, 그리스도께서 죄인을 구원하시려고 (바울은 자신을 죄인의 괴수로 선언했다) 세상에 오신 것을 보게 함으로써 당신도 동일한 구원을 받게 하려는 것이다. 주님은 바울에게 많이 사람들이 부러워할만한 자리를 주셨다. 그래서 그보다 먼저 구원의 복을 받은 사람들조차도 그것을 좋아하지 않았다. 하지만 바나바는 착한 사람이었고 또 성령과 믿음이 충만한 사람이었다. 그래서 그는 선한 것을 좇고 또 선을 추구하고 찾는 사람들을 사랑했다. 바나바는 다른 사람들이 두려워하는 중에도 사울을 찾아 그를 사도들에게 데리고 왔고, 사울로 하여금 그들과 교제하며 또 예루살렘을 왕래하도록 했다.

다시 우리는 유대 산헤드린 위원회에서 파송을 받아 그리스도인들을 박해하는 일을 했던 유대교 선교사 사울에게 이처럼 혁명적인 일을 일으키신 주님에게로 돌아가 보자. 당신은 지금 이 시점에서 이처럼 죄인의 괴수에게 나타난 것 이상으로 더 장엄한 하나님 은혜의 모습을 바라는 것인가? 기록된 말씀을 통해서 전달되는 그리스도의 음성이 들리지 않는가! 무슨 도덕적 영적 준비를 갖출 수 있다는 꿈을 꾸지 말라! 구원을 받는데 무슨 종교 훈련과정을 거쳐야만 한다는 압박감에 굴복하지 말라. 다만 하나님의 말씀을 순수한 마음으로 받아들이라. 하늘 영광 가운데 계신 주 예수님을 환상으로 보는 일에 사울이 무슨 자격을 갖추고 있었던 것이 전혀 아니었다. 주님은 여전히 동일한 하늘 영광 가운데서 말씀하시는 분이심을 의심하지 말라. 히브리서 12장 25절을 보자.

"너희는 삼가 말하신 자를 거역하지 말라 땅에서 경고하신 자를 거역한 저희가 피하지 못하였거든 하물며 하늘로 좇아 경고하신 자를 배반하는 우리일까 보냐."

이 말씀은 여전히 진리이다. 바울에게 일어난 일이 기적은 아닐지 몰라도, 분명 실제로 일어난 일이었다. 전에 지상에 있는 시내산에서 말씀하셨던 그 하나님께서 지금은 하늘에서 말씀하신다. 하나님은 지상에서 누구를 통해서 말씀하셨을까? 바로 아들을 통해서 말씀하셨다. 히브리서 1장을 보면, 하나님은 아들을 통해서 말씀하신다. 하나님은 구약시대에 선지자들을 보내셨다. 그리고 하나님은 마침내 자기 아들을 세상에 보내셔서 아들을 통해서 말씀하셨고, 또 십자가 사역을 마치시고 영광의 자리에 앉아 계신 하나님의 아들 그리스도 예수는 지금도 마찬가지로 하늘에서 말씀하신다. 복음이 당신의 귀에 들리고 있다면, 그것은 하나님께서 아들을 통해서 하늘에서 당신에게 말씀하고 있기 때문이다. 그래서 고린도후서 5장과 13장을 보면, 사도 바울은 이런 일을 우리에게 설명한다. 그가 전파했던 것은 "그리스도께서 내 안에서 말씀하시는 증거"(고후 13:3)였다. 바울이 전파했던 복음은 바울 자신에게만 국한된 것이 아니었다. 복음을 바르게 전하는 사람은 하나님에게서 받은 그대로, 아무것도 혼합하지 않은 채로 복음을 그대로 전하는 사람이다. 만일 하나님 은혜의 참 복음이라면, 그것은 복음전도자를 통해서 그리스도께서 당신의 영혼에 친히 말씀하고 있는 것으로 받아야 하지 않는가?

하나님께서 지상에 있는 시내 산에서 말씀하셨을 때, 무슨 일이 있었는가? 이스라엘 사람들은 죄를 짓고 있었다. 십계명은, 하나님께서 사람이 저지를 수 있는 여러 가지 악행들을 내다보시고 금지하신 계명들이다. 그 가운데 마지막 계명은, "탐내지 말지니라"(출 20:17)는 것이었다. 당신은 과연 탐낸 적이 없는 남자, 여자, 또는 어린아이를 본 적이 있는가? 자신이 가지지 못한 것을 향해 욕심이 발동되지 않는 사람을 본 적이 있는가? 1실링 보다 1파운드를 원하지 않는 사람을 본적이 있는가? 이 정도의 욕심도 없는 사람이 세상에 어디 있느냐고 따지고 들고 싶겠지만, 만일 부정직한 방법으로 그 욕심을 채우고자 한다면, 이것이 탐내는 것이 아니면 무엇인가? 모든 영혼이 저지르는 최고의 정직하지 못한 비행(非行)은 하나님을 향한 것이다. 우리는 하나님을 향해 얼마나 많은 비행을 저질렀던가! 우리는 하나님의 선하심과 그분의 뜻을 얼마나 욕되게 했던가! 만일 하나님께서 나에게 1실링만을 주시길 원하시는데, 어째서 나는 그것을 못마땅해 하고 힘들어하는 것일까? 어쩌면 약간의 근면성이 나의 재산을 늘리는데 도움이 될 수도 있다. 하지만 "사람의 생명이 그 소유의 넉넉한 데 있지 아니하다"(눅 12:15)는 사실을 잊어선 안된다. 하물며 그리스도인의 경우야 말해 무엇하랴! "이 모든 것은 쓰는 대로 부패에 돌아가리라."(골 2:22) 이방인들은 죽은 사람의 입에 동전을 넣어주는데, 이는 망자(亡者)가 죽음의 강을 건너는데 여비로 쓰라는 뜻이다. 하지만 당신도 알다시피, 그런 생각은 헛될 뿐이다. 우리는 벌거벗은 채 세상에 왔기에, 아무 것도 가지고 갈 수 없다.

사울의 처지와는 다르긴 해도, 모든 사람은 예외 없이 죄인이다. 하지만 나는 사울의 경우를 특별한 경우로 설명했는데, 이는 죄인의 괴수가 구원을 받았다는 사실이 참으로 놀랍기 때문이다. 하나님의 은혜가 아니라면, 그가 지은 죄들은 결코 사함을 받을 수 없었을 것이다. 이는 사람들의 귀에 이상한 말로 들릴 수 있지만, 성경에는 이런 이야기들이 많이 있다. 다윗이 지은 시편을 보면, 은혜와 진리가 예수 그리스도로 말미암아 오기 이전, 하나님은 그 시대에 율법으로 다스렸지만, 그럼에도 은혜를 통해서 죄 사함을 받은 사람들의 감동과 감사의 찬송이 울려 퍼지는 것을 들을 수 있다. 시편 25편을 보라. 거기서 우리는 처음으로 죄 사함의 은총이 주어지는 것을 볼 수 있다. "여호와여 나의 죄악이 중대하오니 주의 이름을 인하여 사하소서."(시 25:11) 재판관에게 그러한 호의를 베풀어달라고 법정에서 간청하는 사람을 생각해보라! 과연 재판관은 그 사람을 온전히 미친 사람으로 생각하지 않을까? 마찬가지로 복음은 불신자들이 보기엔 미친 것쯤으로 보일 것이다. 복음은 선을 선으로 갚고 악을 악으로 갚는 일에 익숙한 세상 사람의 방식과는 상당히 이질적인 것임에 분명하다. 하지만 죄인인 그대여, 그대는 하나님 앞에서 아무 선한 것이 없다. 선행도 공로도 없을 뿐만 아니라 하나님의 마음을 만족시킬만한 공적도 없다. 당신은 그저 당신이 지은 죄들 외엔 가진 것이 없고, 오로지 죄들만 있다. 과연 당신은 그 죄들을 없애기 위해 무슨 일을 할 수 있는가?

좀 더 신앙교육을 받거나, 아니면 술을 끊는 일을 해야 구원을 받을 것 같이 생각하는 일의 위험성에 대해서 살펴보자. 금주를 하고 교육을 받으면 사람은 자신을 좀 더 나은 사람이 된 줄로 생각하지만, 정작 하나님께로 나아가지 않는다면 그것은 아무 소용이 없고, 오히려 복음에 걸림돌이 될 뿐이다. 아! 얼마나 많은 사람들이 절주(節酒)를 하거나 술집을 가지 않거나 또는 경마장에 가지 않는 것을 자신의 자랑거리와 자신의 의로움으로 만드는지 모른다. 하나님의 영께서는 과연 자기 의를 세우고자 하는 사람에게 무슨 일을 하시는가? 하나님의 말씀이 믿음과 결합하면, 인간이 쌓은 그 모든 의

(義)는 한 줌 재로 변한다. 그러한 의는 자기 영혼과 구원 사이를 가로막는 장애물이다. 진정 구원받고 싶은 사람은 자기 의로 쌓아올린 성채 밖으로 나와야 하며, 자신을 죄인 외엔 아무 것도 아닌 존재로 여기고, 하나님의 의(義) 앞에 항복해야 한다. 그럴 때 그는 은혜를 인하여 믿음으로 말미암아 구원받게 될 것이다. 사람은 자신의 사랑 또는 그 무엇을 하나님께 확증할 수 없었다. 오히려 "하나님께서 우리에게 대한 자기의 사랑을 확증하셨다."(롬 5:8) 과연 우리가 무슨 상태에 있을 때 하나님은 그리하셨는가? 우리가 아직 연약하고 경건치 않을 때, 그리하셨다. "우리가 아직 죄인 되었을 때에 그리스도께서 우리를 위하여 죽으셨다." 당신은 과연 우리를 위해서 하나님에게서 온 이러한 말들을 기록한 사람, 자신의 경험을 통해서 말하는 사람, 바로 다소의 사울이 경험을 통해서 쏟아낸 이러한 간증 보다 더 결정적인 증거를 바라는 것인가? 그 경험에서 우러난 간증은 그때 뿐만 아니라 지금도 진실한 것이 아닌가? 당신은 과연 19세기를 살아가는 우리가 성경에서 무언가를 뺄 수 있거나 혹은 거기에 무언가를 더할 수 있다고 보는가? 시대 정신은 사람들의 교만을 부추기며, 자신을 너무 크게 생각하게끔 한다. 물론 우리에겐 많은 편의시설들이 있다. 철도, 증기선, 전자통신장치, 최첨단 컴퓨터 시설 등등. 온갖 종류의 발명품들은 삶의 수준을 향상시켰다. 하지만 과연 하나님에게 속한 것들도 향상시켰을까? 과연 현대 문명의 이기(利器)가 죄로부터 해방된 삶을 가져다주었을까? 그렇지 않다. 반대로, 당신이 물질의 번영, 또는 교육의 발달을 의지했을 때에는 곧 그것이 쉽게 으스러지는, 그래서 결코 의지할 수 없는 갈대와 같다는 것을 알게 될 것이다.

그렇다면 죄로 물든 영혼에게 안전을 보장해주는 피난처는 있을까? 하나님 우편에 계신 그리스도 외엔 없다. 다소의 사울이 그 날 회심하게 된 것은 바로 그리스도를 만났기 때문이었다. 나는 사울이 그리스도를 처음 만난 그 순간 평안을 얻었다고 말하고 싶지 않다. 사람들은 종종 평안을 얻는 문제를 너무 쉽게 생각하는 경향이 있다. 무엇보다 중요한 것은, 지금까지 자신이 지은 죄들과 대면하고, 하나님의 거룩한 빛과 말씀과 은혜를 통해서 자신의 실체를 조명해보는 일이 우선적으로 일어나야 한다. 십자가에서 완성하신 그리스도의 사역에 대한 믿음을 통해서, 때가 되면 평안이 임하게 된다. 다소 시간이 걸릴지라도, 하나님의 선하심이 그 영혼 속에 각인되기 위한 과정이기에 그것마저도 유익하다.

그리스도께서는 공생애 동안 수로보니게 여인에게 하신 일을 사도 바울에게도 하셨다. 그녀는 잠시 동안 거절을 당했다. "예수는 한 말씀도 대답하지 아니하셨다."(마 15:23) 주님에겐 흔치 않은 일이었다. 왜 이렇게 하신 것일까? 이는 그녀가 잘못된 자리에 있었기 때문이었다. 그녀는 그리스도를 다윗의 아들로 생각하는 유대인의 자리에 자신을 두었다. 하지만 그녀에겐 그럴 권리가 없었다. 그녀는 가나안 사람일 뿐, 이스라엘 사람도 아니고, 다윗의 백성도 아니고, 다만 그들의 원수였기 때문이다. 머지않아 인자가 오시면, 그 땅에 가나안 사람은 있지 않을 것이다. 악한 자손들은 모두가 엄중한 심판을 받게 될 것이다. 하지만 지금 그리스도는 은혜로 구원하는 일을 하신다. 그리스도는 장차 자신을 멸시하는 사람이 손상시킨 자신의 이름에 대해서, 그리고 하나님의 미워하시는 모든 것에 대해서 공의로운 보응을 하실 것이다. 하지만 바로 지금 가장 흉악한 죄인에게 은혜를 베푸시며, 자신이 지은 죄들을 솔직하게 인정하는 죄인은 받아주신다. 자신이 잃어버린바 된 자라는 사실을 직시한 영혼은 하나님을 풍성한 은혜의 하나님으로 발견하게 될 것이다. 수로보니게 여인이 유대인에게나 적합한 자리를 자신의 자리로 여기고 주님께 나아왔지만, 주님은 그 자리에선 주님의 은혜를 받을 자격이 없다는 사실을 일깨워주셨다. 그리고 주님은 제자들에게 "나는 이스라엘 집의 잃어버린 양 외에는 다른 데로 보내심을 받지 아니하였노라"(마 15:24)는 설명을 하셨다. 그러자 그녀는 "주여 저를 도우소서"라고 부르짖었다. 그때 주님은 "자녀의 떡을 취하여 개들에게 던짐이 마땅하지 아니하니라"(26절)고 대답하셨다. 그러자 자신의 입장을 깨닫고, 그녀는 "주여 옳소이다마는 개들도 제 주인의 상에서 떨어지는 부스러기를 먹나이다"라고 대답했다. 영적 자각과 각성이 겸한 믿음으로 그 여인은 자신을 "제 주인의 상에서 떨어지는 부스러기를 먹는 개"로 보았다. 실로 하나님의 은혜는, 불쌍한 개들에게 떨어지는 부스러기가 상위에 있는 그 어떠한 음식보다 좋은 고급 음식처럼 역사했던 것이다. 그러한 은혜는 그 자리에 있던 그 누구도 경험하지 못하고 오직 그 여인만이 복으로써 받을 수 있었다. 진정 그것은 그리스도의 은혜가 내리는 경이로운 역사였다. 그리고 주님은 그녀의 믿음을 칭찬하셨다. "여자여 네 믿음이 크도다 네 소원대로 되리라."(28절)

친구여, 그대는 어떠한가? 불쌍한 죄인, 그대여. 당신은 진정 하늘 영광 가운데 계신 그리스도에게서 완전한 안식을 받았는가? 이제 질문을 해보자. 그리스도는 어떻게 영광에 들어가셨을까? 나무에 달려 자기 몸으로 우리 죄들을 대신 지셨기 때문이 아닌가? 하나님의 아들, 하나님의 독생자이신 그리스도는 그 무한한 사랑으로 세상에 오셨고, 사람이 되셨다. 게다가 사람을 사랑하신 그 경이로운 사랑 때문에, 죄를 알지도 못하신 분이 십자가에서 죄가 되셨다. 그리고 그렇게 자신의 몸을 바치신 희생 제사는 하나님께 열납되었다. 죄짐을 지신 그리스도는 그 죄에 대한 모든 형벌을 받으셨고, 이로써 죄로 인해 멸망상태에 있는 자들을 구원코자 하셨다. 하나님은 그를 죽은 자 가운데서 살리셨고, 이뿐만 아니라, 하늘 영광 가운데 가장 높은 자리에 앉게 하셨다. 이제 그리스도는 그 영광의 자리에 구주로서만이 아니라, 그 몸된 교회의 머리로서 앉아 계신다. 자기를 비어 종의 형체를 가지시고 또 죽기까지 복종하신 그리스도께서 받으신 영광은 얼마나 광대한 것인가!

이제 하나님은 불쌍하고 또 잃어버린바 된 사람들, 유대인과 이방인 모두에게 복음 곧 기쁜 소식을 보내신다. 사실상, 하나님 자비의 말씀은 그 당시 사람들에게 그리 크게 와 닿지 않았다. 하지만 지금은 죄인들에게 운동력 있게 역사하고 있다. 분명 복음은 자신을 잃어버린 자라고 여기는 사람들에게 현저히 역사한다. 당신은 자신을 죄인으로 인정하긴 해도, 잃어버린 자라는 생각은 하지 못할 수 있다. 하지만 성경은 잃어버린 자의 구원을 말한다. "오히려 이스라엘 집의 **잃어버린 양**에게로 가라." (마 10:6) "예수께서 대답하여 이르시되 나는 이스라엘 집의 **잃어버린 양** 외에는 다른 데로 보내심을 받지 아니하였노라." (마 15:24) "인자가 온 것은 **잃어버린**

자를 찾아 구원하려 함이니라."(눅 19:10) 당신의 마음 속에 "잃어버린 양", "잃어버린 자"라는 말이 낯설지라도, 구주께서 하시는 일은 잃어버린바 된 당신을 구원하시는 것이다. 그리스도는 잃어버린 바 된 사람들의 구주이시다. 그리스도는 단순히 잃어버릴 위험에 처한 사람들의 구주가 아니라 잃어버린 사람들의 구주이시다.

여기에 오늘날 복음 전도의 문제점이 있다. 현대 복음주의자들은 사람들이 실제적으로 잃어버린 존재라는 것을 믿지 않는다. 그 결과, 그토록 힘 있게 복음을 전한 그들조차도 믿음을 가지게 된 사람들이 완벽하게 구원받았다는 것을 믿지 않는다. 사람의 나쁜 상태에 대해서 어설픈 교리를 가지고 있다 보니, 신자의 구원에 대해서도 동일한 결과를 내는 것이다. 사도 바울은 구원을 영원한 구원으로 불렀다(히 5:9). 우리가 받은 구원이 영원한 구원이라고 믿을 때에만 우리는 진정으로 하나님의 사랑에 감사하며, 즐거운 마음으로 하나님의 뜻을 행하며, 하나님을 섬기게 된다. 구원은 단지 당신의 모든 죄가 용서되었고, 경건치 않은 사람이 의인으로 인정을 받게 되었다는 정도가 아니라, 그리스도 사역의 가치를 따라서 영원히 온전하게 되었고, 성령이 친히 우리의 영과 더불어 우리가 하나님의 자녀인 것을 증언해 주실 뿐만 아니라, 장차 하늘에서 그리스도와 함께 할 뿐만 아니라 그리스도를 온전히 닮게 되는데 있다.

그렇다면 자연스럽게 "우리 속에 내재하고 있는 악 또는 내주하고 있는 죄는 어떻게 된 것입니까?"라는 질문이 제기된다. 우리의 모든 불법이 사함을 받았을지라도, 악한 본성은 여전히 우리 속에 남아있다는 사실을 유념하라. 하지만 하나님께 감사하게도, 주 예수님께서 그에 대한 대책을 마련하셨다. 그 대책이란 로마서 8장 3절에 기록된 것처럼, 그것도 그리스도께서 십자가에서 이루신 위대한 역사의 일부라는 것이다. 앞의 장에서 논의되어 온 모든 사안들이 다음 한 구절에 집약되어 나타나 있다. "그러므로 이제 그리스도 예수 안에 있는 자에게는 결코 정죄함이 없느니라."(1절) 정죄함이 없다는 것은 우리가 지은 죄들에 대해서 뿐만 아니라, "육신에 있는 죄" 또는 내주하는 죄에 대해서도 마찬가지로 정죄받지 않는다는 뜻이다. 우리 속에 내주하고 있는 죄보다 신자들을 괴롭히는 것은 없다. 회심한 사람들은 그저 밝고 찬란한 길, 슬픔도 고통도 없는 삶을 기대하기 마련이다. 하지만, 기대와는 달리 참 신자들은 수치와 슬픔의 길을 걷게 된다. 선을 행하기 원하는 자신 속에 악이 함께 있다는 진실을 경험을 통해서 발견할 때까지, 그 누구도 자기 속에 내재되어 있는 악의 실상을 제대로 볼 수 없기 때문이다.

신자 속에 옛 사람이 버젓이 살아 있다. 그 사실을 아는 사람은 복이 있다. 만일 우리 자신의 전적인 연약성을 깨닫고 있지 않다면 하나님이 우리에게 주고 싶어 하시는 구원이 진짜 무엇인지 결코 알 수 없을 것이다. 중요한 것은 우리를 위해 죽으셨다가 다시 살아나신 주님을 지속적으로 의지해야 한다는 것이다. 만일 우리 자신에게 무슨 힘이 있다고 믿고 있다면, 그것은 그리스도의 대제사장 직분의 필요성을 무시하는 것이다. 그리스도의 은혜는 충분하다. 그리스도의 능력은 우리의 약함 가운데서 온전하여 진다. 우리는 구주를 의지할 때에만 강하다. 다른 것을 자랑하는 사람은 자신을 속이는 것이다. 사탄은 세상을 속이는 일에는 성공을 거두고 있지만, 성도들을 송사하는 일에는 결코 성공할 수 없다. 그렇지만 살아계신 하나님의 말씀 대신, 자신의 감정을 신뢰하는 사람은 넘어질 수밖에 없다.

우리 주 예수님이 이루신 사역은 확실한 결과를 우리에게 가져다준다. "그러므로 결코 정죄함이 없다." 누구에게 정죄함이 없는 것인가? 바로 "그리스도 안에 있는 자에게" 정죄함이 없는 것이다. "이는 그리스도 예수 안에 있는 생명의 성령의 법이 죄와 사망의 법에서 나를 해방하였기" 때문이다. 우리가 지은 죄들(sins)에서 뿐만 아니라, 죄(sin)의 법과 사망의 법에서 해방시켜주는 역사가 있다. 죄와 사망은 더 이상 나에게 법으로 작용하지 않는다. 물론 여기엔 주님을 지속적으로 의지하는 것이 필요하다. 만일 주님을 바라본다면, 나는 죄에서 보호를 받게 될 것이다. 사망이 올지라도, 그 쏘는 것은 가고 없다. 지옥의 권세도 끝났다. 이처럼 사망과 지옥에 대한 승리가 신자에게 우리 주 예수 그리스도로 말미암아 주어졌다. 게다가 이제는 그리스도 안에 있는 생명의 성령이 "죄와 사망의 법에서 나를 해방시켰다." 이 영적 해방은, 그리스도인의 경험상 처음 믿을 때 그저 이루어지는 것이 아니기에, 죄 사함이나 칭의 보다 훨씬 고차원적인 것이다.

다소의 사울의 경우를 보면, 그는 과도한 빛에 노출되었기 때문에 삼일 동안 보지 못하는 상태로 지내야만 했다. 그는 과거 믿기 전에도 진실했던 것처럼, 이제 예수님을 진실하게 하나님의 아들로 믿었다. 그는 강렬한 은혜와 영광의 빛 속에서 자신의 실체를 볼 수 있었기에, "오호라 나는 비참한 사람이로다"라고 부르짖지 않을 수 없었다. 이는 자기 자신을 그리스도와 그리스도의 사람들의 원수로 만들었던 종교적 환상에서 깨어났기 때문이었다. 그에게 해방을 가져다준 것은 하나님의 은혜였다. 이 해방은 그의 영혼을 전적으로 겸손하게 만들었다. 이 해방의 역사는 그리스도께서 새로이 행하시는 역사가 아니다. 그리스도께서, 이미 십자가에서 (신자를 항상 좌절시키는) 죄의 뿌리에 대해 행하신 일을 경험적으로 알게 되는 것이다. 그래서 그는 로마서 8장 3절에서 "율법이 육신 때문에 연약하여 할 수 없는 그것을 하나님은 하시나니 곧 죄로 말미암아 자기 아들을 죄 있는 육신의 모양으로 보내어 육신에 있는 죄를 정죄하셨다"고 설명했다.

이러한 것이 하나님이 우리에게 해방을 주시는 방식이다. 우리는 이미 믿음을 통해서, 우리의 모든 죄들을 영원히 속죄한 피의 효력을 알고 있다. 지금 다루는 주제는 하나님께서 이미 죄의 원리와 본성에 (즉 육신 속에 있는 죄에) 대해서 내리신 심판과 정죄의 역사가 우리에게 가져다준 해방의 역사이다. 그리스도에겐 우리처럼 죄로 인해서 갈등하고 고민하고 또 마음의 정죄를 받는 것 같은 일이 없었다. 그리스도는 죄를 짓기는커녕, 죄를 알지도 못하셨다. 그럼에도 그리스도는 우리가 지은 죄들(sins) 뿐만 아니라 우리 속에 있는 죄(sin)를 위해서도 고통을 받으셨다. 그렇게 그리스도는 모든 죄 문제를 해결하심으로써 **완전한 구속**을 이루셨고, 하나님께 영광을 돌리셨다. 그리스도의 전체 사역을 통해서 이루어진 복된 결과가 신자에게 선물로 주어졌다. 당신은 이제 완전한 구속을 믿도록 부르심을 받고 있다. 만일 겸손하기만 한다면, 당신은 이 모든 것을 총체적으로 받을 수 있는 자격을 하나님에게서 부여받게 된다. 진실하고 참된 겸손은 하나님 앞과 하나님께서 그리스도 안에서 이루신 모든 일 앞에 엎드리는 것이며, 자신에 대해선 아무 것도 생각하지 않는 것이다. 많은 사람들이 자신을 나쁘게 말하는 것을 이상적인 겸손으로 생각한다. 하지만 참되고 진실한 겸손은 자기 자신에 대해서 아무 것도 말할 가치가 없다고 느끼는 것이다. 우리의 생각과 말과 행실의 중심을 차지하셔야만 하는 한 분이 계신다면, 바로 주 예수님이시다. 우리가 어디에 있든지, 상점에 있든, 부엌에 있든, 사무실에 있든, 아니면 바다나 육지에 있을지라도 우리는 그리스도를 생각하고, 그리스도를 섬길 수 있다. 그는 우리의 주님이시며, 모든 사람의 주님이시기 때문이다. 당신이 죄에게 종노릇하던 데서 해방되어 자유롭게 된 것은 당신이 구주로 믿고 있는 그분을 주님으로 섬기기 위한 것이다.

로마서 8장 4절에서 살펴볼 것은 "육신을 따르지 않고 그 영을 따라 행하는 우리에게 율법의 요구가 이루어지는" 것에 대한 것이다. 만일 당신이 당신을 위해 죽었다가 다시 살아나신 그리스도를 믿고 있다면, 당신은 그리스도인이다. 주님을 섬기는 것은 주님의 이름에 합당한 의무일 뿐만 아니라 세상 또는 세상에 속한 것들을 사랑하고 또 육신의 쾌락에 빠지는 것을 방지할 수 있는 최소한의 안전장치이다. 사탄은 세상을 이용해서 주님을 십자가에 못 박았다. 따라서 우리에겐 늘 깨어 경계하는 것이 필요하다. 우리의 기준은 하나님의 말씀이다. 하나님의 말씀을 날마다 읽는 것은 너무도 중요하다. 급하게 많이 읽기 보다는 조금이라도 천천히 읽는 것이 더 좋다. 급하게 말씀을 읽는 것은 하나님께 무례를 범하는 것이며, 읽는 시늉만하는 것이다. 그런 외식적인 모습은 경건한 신앙생활에 도움이 되지 않는다.

친구들이여, 구주께서 하나님의 영광을 밝히 드러내심으로써 죄인에게 비추는 복음의 빛은 얼마나 경이로운가! 그리스도께서 그 영광 속으로 들어가셨다는 것은, 사람은 그리스도를 살해했지만 하나님은 우리의 구원을 위해서 하나님의 아들께서 하신 일을 인정하셨고, 또 그 일을 이루신 하나님의 아들을 얼마나 높이셨는가를 보여주는 척도이다. 이 얼마나 놀라운 일인가? 죽은 자 가운데서 살아나신 그리스도의 부활이 그 첫 번째 증거이다. 사람은 그리스도를 십자가에서 죽였으나, 하나님은 그를 살리셨다. 하나님은 이제 세상과 세상의 판단을 반대하신다. 율법과 제사장 제도와 그리고 성전을 가지고 있는 사람들, 그리고 세상 나라 사람들, 모두가 이 세상 신에 의해 조종을 당했고, 그 결과 영광의 주님을 십자가에 못 박았다. 그렇다면 제자들은 어떠했는가? 그들조차도 주님에 대해서 잘못된 생각을 가지고 있었다. 하지만 하나님은 모든 것을 깨끗이 정리하셨고, 그리스도를 우편에 앉게 하심으로써, 믿음으로 나아오는 길을 여셨다.

이제 하늘 영광의 자리에 하나님의 아들이시며 인자이신 그리스도 예수께서 앉아 계시며, 모든 천사들이 그분을 경배한다. 나는 당신에게 당신의 상태나 형편이 무엇이든, 다만 그리스도를 믿으라고 요청하고 싶다. 나의 호소를 저버리지 말라. 믿는 것을 내일로 미루지 말라. 내일로 미루는 것만큼 당신의 영혼에 해로운 것은 없다. 지금까지 우리가 살펴본 진리가 당신의 양심에 아무 감동을 주지 못했을 수도 있다. 어쩌면 하나님께서 그것을 허락하셨을 지도 모른다. 하지만 그렇다고 해서 하나님의 앞에서 당신이 지은 죄들이 없어지는 것은 아니다. 만일 당신이 지은 죄들이 당신의 양심을 괴롭히지도 않고, 진홍같이 붉은 죄들 때문에 괴로움도 겪고 있지 않다면, 당신은 그리스도를 멀리할 것이며, 당신은 더욱 죄를 짓게 되고 마음은 더욱 강퍅해질 것이며, 어쩌면 다시는 하나님이 은혜로 부르시는 음성을 듣지 못할 수도 있다.

어째서 당신이 구원받지 못하는 줄 아는가? 자신을 죄인으로 인정은 해도, (경건한 삶을 살 수 있는 능력이 전혀 없는) 잃어버린 자라는 인식이 부족하기 때문이다. 유다 백성들이 악했고 심판이 임박했던 시대에 살았던 요시야를 보라. 여덟 살밖에 되지 않았지만 요시야는 경건한 소년이었다. 무엇이 당신을 경건한 사람으로 만들 수 있을까? 그리스도 외엔 없다. 왜냐하면 당신에겐 당신이 지은 죄들이 있기 때문이다. 하지만 예수의 이름은 "그가 자기 백성을 그들의 죄에서 구원할 자" 라는 뜻이다(마 1:21). 당신의 죄가 무엇이든, 하나님께서 자기 우편 자리에까지 높이신 구주를 바라보고, 당신이 지은 죄들을 회개하고 죄 사함을 받으라. 당신은 지금 범죄한 죄인이자 잃어버린 자로서, 그리스도를 믿으라고 복음으로 부르심을 받고 있다. 만일 당신이 믿는다면, 하나님의 은혜로 나는 구원받았다고 말할 수 있다. 구원은 죄인에게 무슨 구원받을만한 가치가 있기 때문에 주어지는 것이 아니라, 순전히 구주 하나님의 은혜에 달린 것이다. 사실 복음은 예수님을 믿는 사람이 의롭게 되었다는 하나님의 의(義)의 선언이다.

당신은 그 의(義)의 의미를 알고 있는가? 바울 서신서에 나타난 하나님의 의의 개념은 그리스도께서 십자가에서 이루신 일 때문에, 하나님께서 그리스도께 진 빚을 의미한다. 이 때문에 하나님은 지속적으로 (빚을 갚고자 하는 마음으로) 믿는 자와 믿지 않는 자 모두를 향해 일하심으로써 모든 사람이 복음을 듣도록 하신다. 그렇다면 믿는 사람은 이러한 수고에 대한 열매인 것이다. 어쩌면 이 말은 복음을 너무 단순화시킨 것일 수 있다. 복음은 우리의 잘못된 행실을 대신해서 그리스도께서 옳은 일을 하셨다는 의미가 아니다. 이러한 개념이 프로테스탄트 또는 로마 가톨릭의 전통일 순 있지만, 전통은 피상적이고 믿을 수 없는 것이기 쉽다. 왜냐하면 전통은 인간의 생각일 뿐이기 때문이다. 하나님의 진리는 항상 비할 데 없이 깊고, 고상하고, 훌륭하다. 하나님의 의(義)가, 우리의 모든 죄들을 정결하게 하신 그리스도를 다시 살리시고 또한 그리스도를 하나님 우편자리에 앉게 하는 것으로 나타났다. 이제 당신의 악한 본성은 완전히 정죄되었으며, 당신도 그리스도와 함께 죽임을 당했기에 당신은 죄로부터 자유롭게 되었다. 우리의 신앙 체계 속에 그리스도의 죽음만 있고, 그리스도의 부활이 없다면 영적 해방은 효력을 발휘할 수 없다. 그럼에도 이처럼 엄청난 승리를 신자에게 안겨준 근거는 그리스도의 죽음에 있다. 만일 나의 모든 죄들을 위해서 죽으신 그리스도를 믿는다면, 이제 나는 죄에 대하여 **그리스도와 함께 죽었다는 믿음**을 가질 권리가 있다(롬 6장). 만일 내가 유대인이라면, 그리스도와 함께 죽음으로써 율법에 대해서도 죽은 것이다(롬 7장). 어느 경우든, 그리스도인은 이제 그리스도의 죽음과 부활을 통해서 해방된 사람이다. 게다가 우리는 말씀으로 거듭난 사람으로서, 이 세상을 살아가는 동안 계속해서 말씀으로 깨끗함을 받아야 한다. 우리가 필요로 하는 모든 것은 하나님의 은혜를 인하여 믿음으로 말미암아 다양한 경로를 통해서 공급되고 충족될 것이다.

나는 당신의 영혼에도 이 해방이 이루어지길 간구한다. 이것은 하나님께서 그리스도의 십자가에서 이루신 역사이며, 죽은 자 가운데서 다시 살아나신 그리스도께서 주시는 선물이다. 당신의 영혼 속에 죄 사함 뿐만 아니라 영적 해방의 실제가 이루어지길 바란다. 느낌이나 감정, 또는 기도 조차도 해방을 줄 수 없다. 하나님은 혹 기도의 가치를 감소시키거나, 믿음에 의해서 마음의 정결이 이루어질 때 마음 속에서 느끼는 거룩한 정서를 약화시키거나, 무엇보다 그리스도인으로서 체험하는 영적인 경험을 부인하는 것을 용납하지 않으신다. 하지만 기도는 믿음과 경험이란 토대 위에 행해져야지, 한쪽으로 치우쳐 균형을 잃게 되면, 우리 신앙에 무가치하거나 안전하지 않은 방향으로 작용하게 된다. 하나님께서 복음을 통해서 우리에게 주시는 복은 우리가 지은 죄들(sins)로 인해서 빠지게 된 유죄상태를 해결하는 것뿐만 아니라 우리 영혼을 죄(sin)의 노예 상태에서 해방시키는 것이다. 이 두 가지 복을 우리에게 가져다주지 못하는 것은 하나님의 구원으로 부를 가치가 없다. 우리가 지은 죄들을 사면해주긴 하지만 우리 속에 있는 죄에서 해방시키지 못하는 것은, 주 예수님의 사역에 불명예를 돌리는 것이다. 만일 그리스도께서 모든 일을 완수하셨을진대, 만일 누군가 "나는 내가 지은 모든 죄들을 사함 받았습니다만 죄에 종노릇하는 옛 사람이 여전히 내 속에서 왕 노릇 있습니다. 나는 다만 '오호라 나는 곤고한 사람이로다 이 사망의 몸에서 누가 나를 건져내랴?' (롬 7:24)고 외칠 수밖에 없습니다." 라고 말한다면 그것은 불신앙이 아니면 무엇인가?

당신이 그런 상태를 통과하게 될 것이란 점은 맞지만, 신자는 일생동안 "누가 나를 건져내랴?"고 울부짖으며 살아야 한다는 것은 엄청난 착각이다. 그 다음 구절을 보면 그런 주장은 설 자리가 없다. "우리 주 예수 그리스도로 말미암아 하나님께 감사하리로다." (25절) 이렇게 감사할 수 있는 것은 육신이 변화되거나 사라진 것이 아니라, 그리스도 안에서 하나님이 해방의 역사를 이루어주셨기 때문이다. 그래서 로마서 8장은 이 해방을 자세히 풀어 설명한다. 그래서 나는 당신으로 하여금 그저 기독교 전통에 속한 신학자의 참신한 아이디어가 아니라, 그리스도의 얼굴에 하나님의 영광을 아는 지식의 빛을 바라보도록 하고 싶다. 사실 그 빛은 "하늘로부터 비추는 해보다 더 밝은 빛"(행 26:13)이다. 믿는 우리는 그 빛을 믿음을 통해서 본다. 믿는 사람은, 바울이 회심하던 그 날 그가 기적적으로 보았던 것 보다 더 나은 것을 이제는 믿음을 통해서 보고 있다고 말하는 것을 주저할 필요가 없다. 초자연적으로 주어지는 믿음의 시각은 선명하고, 차분하고, 확실하기 때문이다. 하지만 기적적인 환상은 실제적이고 중대하긴 해도, 일시적일 뿐이다. 오히려 믿음의 시각은 견고하고, 점진적으로 밝아지는 특징을 띠고 있다.

고린도후서 3장 18절은 "우리가 다 수건을 벗은 얼굴로 거울을 보는 것 같이 주의 영광을 보매 그와 같은 형상으로 변화하여 영광에서 영광에 이르니 곧 주의 영으로 말미암음이니라"고 말한다. 이것은 그리스도인의 지위(position)을 말해준다. 이제 지성소와 예배자 사이를 가로막는 휘장이 제거되었을 뿐만 아니라, 그리스도의 영광을 보지 못하도록 그리스도인의 얼굴과 마음을 덮고 있는 수건도 없다. 오히려 수건은 유대인의 마음에 있다. 하지만 그들이 주님께로 돌아가면, 그 수건은 벗겨질 것이다. 그리스도인의 특권은 벗은 얼굴로 "거울을 보는 것 같이 주의 영광"을 볼 수 있다는 것이다. 비록 하나님과 죄인을 위해서 이룬 십자가의 사역이 없었다면 가능하지 않은 일이긴 해도, 이것은 십자가가 주는 유익이 아니다. 오히려 십자가 사역의 공로에 기초하여, 지극히 높은 위엄의 보좌에 앉으신 그리스도의 영광이 주는 유익이다. 이제 당신은 (십자가가 아니라) 그 영광의 그리스도를 바라보도록 초청을 받았다. 당신이 그리스도의 영광을 바라보는 것에 비례해서 더욱 풍성한 영적인 복을 받게 될 것이다.

오늘날 기독교계의 모습을 보라. 얼마나 초라한가! 매주일 예배를 드리고자 교회에 나아오는 사람들의 모습을 보라. 어째서 그런가? 왜냐하면 그들은 한쪽엔 하나님의 의로우신 요구와 다른 쪽엔 그에 합하지 못한 상태에서 갈팡질팡하기 때문이다. 얼마나 많은 사람들이 믿지 않는 신자(unbelieving believers)로 살아가는지 모른다! 심지어 시편 기자도 앞으로 이루어질 것을 고대하면서 "불법이 사함을 받고 죄가 가리어짐을 받는 사람들은 복이 있도다"(시 32:1, 롬 4:7)라고 노래할 수 있었다. 얼마나 많은 그리스도인들이 이처럼 구약성도들의 수준과 상태에 (완전한 구속이 아직 자기 마음에 이루어지지 않았기에, 그저 소망만하고 있는 상태에) 빠져있는가! 더 높은 삶을 부르짖는 사람들을 경계하기 바란다. 그들은 믿음의 어떤 행동에 의해서 더 수준 높은 성결의 삶에 들어간다고 주장한다. 대부분 그런 사람들은, (실상은 구약성도들의 믿음의 수준과 상태에 있으면서) 그저 육신에 모양을 내려는 사람일 뿐이다. 우리 모두는 이처럼 그리스도의 양 무리에 속한 사람들에게 신령한 복을 제한시키려는 사람들을 물리쳐야 한다. 그들은 성경이 말하는 그리스도의 풍성을 담은 복음에 대해 무지한 사람들이며, 완전한 해방과 성령을 선물로 받은 경험이 없는 사람들일 뿐이다. 그런 사람들은 자주 무언가 부족한 듯 불안을 느끼며, 자신들의 마음을 흥분시킬 무언가를 좇는 사람들이다. 하지만 무슨 환상, 사상, 감정, 노력 등. 그 무엇으로도 하나님 앞에서 완전한 안식을 주지 못하며, 연약한 자로 하여금 적대적인 세상을 대면할 수 있도록 힘을 주지 못한다. 이런 효과를 낼 수 있는 것은, 오로지 그리스도의 사역을 알고 또 그리스도의 영광을 바라보면서, 영광 중에 계신 그리스도를 영접하는 것이다. 그리하면 다음과 같은 결과가 있을 것이다. 즉 "우리가 다 수건을 벗은 얼굴로 거울을 보는 것 같이 주의 영광을 보매 그와 같은 형상으로 변화하게" 될 것이다. 이것이 점진적인 역사이긴 해도, 우리가 처음 그리스도 예수를 주님으로 영접했던 때보다 더 천국에 들어갈 자격을 주는 것은 아니다. 우리의 자격은 그리스도께서 이루신 사역에 있다. 우리가 빛 가운데서 성도의 기업의 부분을 얻기에 합당한 자격을 얻은 것은 우리가 처음 복음을 믿을 때 하나님이 우리에게 이미 주셨기 때문이다. 하지만 열매를 맺고, 영적으로 성장하는 것은 엄청 중요한 일이다. "주께 합당하게 행하여 범사에 기쁘시게 하고 모든 선한 일에 열매를 맺게 하시며 하나님을 아는 것에 자라게 하시고."(골 1:10) 이제 갓 믿게 된 어린 성도일지라도 믿은 지 오래된 늙은 성도와 마찬가지로 확실하게 하늘나라에 간다. 하지만 우리 모두는 세상에 사는 동안, 하나님을 아는 지식을 통해서 영적으로 성장함으로써 모든 일에 주님을 기쁘시게 하는 일에 힘써야 한다.

은혜의 주님께서 지금까지 살펴본 내용들을 당신의 마음에 새겨 주시길 바란다. 만일 회심하지 않은 사람이라면 이같이 큰 구원을 등한히 여기지 않게 해주시고, 회심한 사람이라면 구주 안에서 받은 복이 지금까지 당신이 알고 있었던 것보다 얼마나 더 큰 것인가를 알게 해주시길 바란다. 신령한 복을 받을 수 있는 유일한 길은 **믿음**이다. 믿음만이 그리스도 안에 있는 모든 복을, 그리고 그리스도의 사역이 이루어낸 모든 결과를 우리에게 복으로 임하게 해준다. 그야말로 하나님 은혜의 선물인 것이다. 그렇다면 은혜는 무엇일까? 은혜는 하나님의 순수한 호의로서, 사도 바울에 의하면 우리는 지금 "믿음으로 이 은혜에 들어감을 얻었다."(롬 5:2) 어쩌면 우리는 실패할 수도 있고 다시 죄를 지을 수도 있다. 버릇없고 심지어 많은 잘못을 저지르는 자녀를 당신은 사랑하는가? 당신이 그럴진대, 하나님은 더욱 자기 자녀를 사랑하지 않으실 수 있을까? 나는 자신이 화나지 않는 이상 버릇없이 구는 자녀를 꾸중하지 않는 한 그리스도인을 알고 있다. 뿐만 아니라 전혀 자기 자녀를 나무라는 일을 해본 적이 없는 한 어머니를 알고 있다. 하나님의 말씀에 따르면, 이렇게 하는 것은 전혀 지혜롭지도 않고 게다가 옳은 일도 아니다. 징계도 사랑의 일부가 아닌가? 따라서 모든 영의 아버지께서는 우리를 온전히 사랑하시기에, 또한 한결같이 징계하는 일을 하신다.

나의 친구여, 좁은 길을 따라 걸으며, 의심에 빠지는 것을 경계하라. 성경은 의심에 빠지는 일이 없을 것이라고 보장한 적이 없다. 모든 성경은 믿음과 사랑을 북돋우고, 그리고 끊임없이 자기 성찰을 하도록 격려한다. 당신이 주님이나 혹은 다른 사람에게 잘못을 행하고 있다는 것을 깨달았다면, 즉시 주님 앞에 나가 자신을 주님 앞에 낮추라. 잘못을 고백하되, 주님께 잘못한 것은 주님께, 사람에게 잘못한 것은 사람에게 용서를 구하라. 그리하면 당신을 향한 주님의 한량없는 은혜가 다시 부어질 것이다. 우리는 하나님의 가족이기에, 하나님은 우리를 사랑하시며 또한 우리의 잘못과 허물을 용서해주신다. 하나님은 필요하다면, 우리를 징계하심으로써 하나님의 거룩에 참예케 하실 것이다. 온 세상은 하나님의 정죄 아래 놓여 있다. 왜냐하면 그리스도께서 사랑으로 오셨을 때, 세상은 그리스도를 미워하고 거절했고, 지금까지도 그리스도를 믿기를 거절하고 있기 때문이다. 그러므로 세상은 지금 징계를 받지 않고, 다만 그리스도께서 영광 중에 나타나실 때, 그때 정죄를 받게 될 것이다. 하지만 하나님은 필요하다고 느끼신다면 자녀인 우리를 징계하는 일을 하신다. 왜냐하면 하나님은 이미 우리를 모든 정죄에서 건지셨기 때문이다. 세상은 당장 정죄를 받지 않겠지만, 장차 정죄를 받을 것이며, 뿐만 아니라 주의 이름을 헛되이 고백하는 모든 사람들도 함께 정죄를 받게 될 것이다.

그러므로 나의 친구여, 당신의 믿음이 진실한가 살펴보라. 철저함이 없다면, 복을 받지 못할 것이다. 주께서 당신에게 결코 타협하지 않는 믿음을 주시길 빈다. 세상 사람들은 좋은게 좋은 것이라고, 쉽게 타협하고 빨리 세상에 굴복하는 것을 지혜와 성공의 길로 가는 지름길이라고 외친다. 하지만 그리스도인은 세상과는 반대로 하도록 부르심을 받은 사람이다. 주께서 지금까지 함께 한 모든 독자들을 주의 말씀으로 격려해주시고, 또 다소의 사울과 같은 사람들을 영원한 구원 속으로, 그 영원한 구원을 받은 기쁨과 평안 가운데로 인도해주시길 바란다.

W.K.

형제들의 집 도서 안내

1. 조지 뮐러 영성의 비밀
   조지 뮐러 지음/이종수 옮김/값 1,000원
2. 수백만을 감동시킨 사람을 감동시킨 바로 그 사람: 헨리 무어하우스
   존 A. 비올리 지음/이종수 옮김/값 1,000원
3. 내 영혼의 만족의 노래
   W.T.P 윌스톤 지음/이종수 옮김/값 1,000원
4. 모든 일을 하나님의 영광을 위하여 하라
   해리 아이언사이드 지음/이종수 옮김/값 1,000원
5. 잃어버린 영혼을 위해서 어떻게 기도해야 하는가
   오스왈드 샌더스, 찰스 스펄전 지음/이종수 옮김/값 1,000원
6. 윌리암 켈리의 로마서 복음의 진수
   윌리암 켈리 지음/이종수 옮김/값 5,000원
7. 이것이 거듭남이다[개정판]
   알프레드 깁스 지음/이종수 옮김/값 9,000원
8. 존 넬슨 다비의 영성있는 복음
   존 넬슨 다비 지음/이종수 옮김/값 5,000원
9. 로버트 클리버 채프만의 사랑의 영성
   로버트 C. 채프만 지음/이종수 옮김/값 5,000원
10. 영성을 깊게 하는 레위기 묵상
    C.H. 매킨토시 외 지음/이종수 옮김/값 5,000원
11. 존 넬슨 다비의 성경주석: 빌립보서
    존 넬슨 다비 지음/이종수 옮김/값 5,000원
12. 존 넬슨 다비의 히브리서 묵상[개정판]
    존 넬슨 다비 지음/정병은 옮김/값 11,000원
13. 조지 커팅의 영적 자유
    조지 커팅 지음/이종수 옮김/값 4,000원
14. 윌리암 켈리의 해방의 체험
    윌리암 켈리 지음/이종수 옮김/값 3,000원
15. 존 넬슨 다비의 성경주석: 골로새서[개정판]
    존 넬슨 다비 지음/이종수 옮김/값 8,000원
16. 구원 얻는 기도
    이종수 지음/값 5,000원
17. 영혼의 성화
    프랭크 빈포드 호올 지음/이종수 옮김/값 1,000원
18. 당신은 진짜 거듭났는가?
    아더 핑크 지음/박선희 옮김/값 4,500원
19. C.H. 매킨토시의 완전한 구원
    C.H. 매킨토시 지음/이종수 옮김/값 4,600원
20. 존 넬슨 다비의 하나님의 뜻을 분별하는 법
    존 넬슨 다비 지음/이종수 옮김/값 1,000원

21. 존 넬슨 다비의 성경주석: 요한계시록
                    존 넬슨 다비 지음/이종수 옮김/값 10,000원
22. 주 안에 거하라
             해밀턴 스미스, 허드슨 테일러 지음/이종수 옮김/값 1,000원
23. C.H. 매킨토시의 하나님의 선물
                       C.H. 매킨토시 지음/이종수 옮김/값 4,000원
24. 존 넬슨 다비의 성경주석: 에베소서
                     존 넬슨 다비 지음/이종수 옮김/값 8,000원
25. 존 넬슨 다비의 영적 해방
                     존 넬슨 다비 지음/문영권 옮김/값 7,000원
26. 건강하고 행복한 그리스도인이 되는 법
             어거스트 반 린, J. 드와이트 펜테코스트지음/ 값 1,000원
27. 존 넬슨 다비의 성경주석: 로마서
                    존 넬슨 다비 지음/문영권 옮김/값 12,000원
28. 존 넬슨 다비의 성화의 길
                     존 넬슨 다비 지음/이종수 옮김/값 4,500원
29. 기독교 신앙에 회의적인 사랑하는 나의 친구에게
                   로버트 A. 래이드로 지음/박선희 옮김/값 5,000원
30. 이수원 선교사 이야기
                  더글라스 나이스웬더 지음/이종수 옮김/값 5,000원
31. 체험을 위한 성령의 내주, 그리고 충만
                         조지 커팅 지음/이종수 옮김/값 4,500원
32. 존 넬슨 다비의 성경주석: 갈라디아서
                     존 넬슨 다비 지음/이종수 옮김/값 4,800원
33. 존 넬슨 다비의 성경주석: 요한서신서 · 유다서
                     존 넬슨 다비 지음/문영권 옮김/값 8,000원
34. 존 넬슨 다비의 성경주석: 데살로니가전 · 후서
                     존 넬슨 다비 지음/이종수 옮김/값 8,000원
35. 그리스도와의 연합과 구원(성경공부교재)
                                       문영권 지음/값 2,500원
36. 그리스도와의 연합과 성화(성경공부교재)
                                       문영권 지음/값 3,000원
37. 사도라 불린 영적 거장들
                                       이종수 지음/값 7,000원
38. 당신은 진짜 하나님을 신뢰하는가
                            조지 뮬러 지음/ 이종수 옮김/값 4,500원
39. 그리스도와 연합된 천상적 교회가 가진 영광스러운 교회의 소망
                    존 넬슨 다비 지음/ 문영권 옮김/ 값 13,000원
40. 가나안 영적 전쟁과 하나님의 전신갑주
                     존 넬슨 다비 지음/ 이종수 옮김/ 값 2,000원

41. 죄 사함, 칭의 그리고 성화의 진리
고든 헨리 해이호우 지음/ 이종수 옮김/ 값 2,000원
42. 하나님을 찾는 지성인, 이것이 궁금하다!
김종만 지음/ 값 10,000원
43. 이것이 그리스도의 심판대이다
이종수 엮음/ 값 8,000원
44. 존 넬슨 다비의 성경주석: 마태복음
존 넬슨 다비 지음/이종수 옮김/값 16,000원
45. C.H. 매킨토시의 하나님에 관한 진실
C.H. 매킨토시 지음/이종수 옮김/값 1,000원
46. 존 넬슨 다비의 성경주석: 여호수아
존 넬슨 다비 지음/문영권 옮김/값 8,000원
47. 찰스 스탠리의 당신의 남편은 누구인가
찰스 스탠리 지음/이종수 옮김/값 4,000원
48. 존 넬슨 다비의 성령론
존 넬슨 다비 지음/이종수 옮김/값 13,000원
49. 존 넬슨 다비의 영적 해방의 실제
존 넬슨 다비 지음/이종수 옮김/값 5,000원
50. 존 넬슨 다비의 주요사상연구: 다비와 친구되기
문영권 지음/값 5,000원
51. 존 넬슨 다비의 죽음 이후 영혼의 상태
존 넬슨 다비 지음/이종수 옮김/값 5,000원
52. 신학자 존 넬슨 다비 평전
이종수 지음/ 값 7,000원
53. 존 넬슨 다비의 요한복음 묵상
존 넬슨 다비 지음/이종수 옮김/값 8,000원
54. 프레드릭 W. 그랜트의 영적 해방이란 무엇인가
프레드릭 W. 그랜트 지음/이종수 옮김/값 4,500원
55. 홍해와 요단강을 통해서 나타난 하나님의 구원
윌리암 켈리 지음/ 이종수 옮김/ 값 4,800원
56. 그리스도와의 연합을 위한 성령의 역사
윌리암 켈리 지음/ 이종수 옮김/ 값 19,000원
57. 누가, 그리스도인인가?
시드니 롱 제이콥 지음/ 박영민 옮김/ 값 7,000원
58. 선교사가 결코 쓰지 않은 편지
프레드릭 L. 코신 지음 / 이종수 옮김/ 값 9,000원
59. 사랑의 영성으로 성자의 삶을 살다간 로버트 채프만
프랭크 홈즈 지음/ 이종수 옮김/ 값 8,500원
60. 므비보셋, 룻, 그리고 욥 이야기
찰스 스탠리 지음 / 이종수 옮김/ 값 7,500원

61. 구원의 근본 진리
  에드워드 데넷 지음 / 이종수 옮김/ 값 6,500원
62. 회복된 진리, 6+1
  에드워드 데넷 지음/ 이종수 옮김/ 값 6,000원
63. 당신의 상상보다 더 큰 구원
  프랭크 빈포드 호올 지음/ 이종수 옮김/ 값 6,500원
64. 뿌리 깊은 영성의 그리스도인으로 사는 법
  찰스 앤드류 코우츠 지음/ 이종수 옮김/ 값 9,000원
65. 천국의 비밀 : 천국, 하나님 나라, 그리고 교회의 차이
  프레드릭 W. 그랜트 & 아달펠트 P. 세실 지음/이종수 옮김/ 값 7,000원
66. 존 넬슨 다비의 성경주석: 베드로전 · 후서
  존 넬슨 다비 지음/장세학 옮김/ 값 7,500원
67. 존 넬슨 다비의 영광스러운 구원
  존 넬슨 다비 지음/이종수 엮음/ 값 15,000원
68. 어린양의 신부
  W.T.P. 월스톤 & 해밀턴 스미스 지음/ 박선희 옮김/ 값 10,000원
69. 성경에서 말하는 회심
  C.H. 매킨토시 지음/ 이종수 옮김/ 값 6,000원
70. 십자가에서 천년통치에 이르는 그리스도의 길
  존 R. 칼드웰 지음/ 이종수 옮김/ 값 7,500원
71. 그리스도와의 연합이란 무엇인가?
  에드워드 데넷 지음/ 이종수 옮김/ 값 9,000원
72. 하늘의 부르심 vs. 교회의 부르심
  존 기포드 벨렛 지음/ 이종수 옮김/ 값 16,000원
73. 당신은 진짜 새로운 피조물인가
  존 넬슨 다비 외 지음/ 이종수 옮김/ 값 12,000원
74. 플리머스 형제단 이야기
  앤드류 밀러 지음/ 이종수 옮김/ 값 14,000원
75. 바울의 복음, 그리스도의 영광의 복음
  존 기포드 벨렛 지음/ 이종수 옮김/ 값 9,000원
76. 악과 고통, 그리고 시련의 문제
  이종수 지음/ 값 9,000원
77. 요한계시록 일곱 교회를 향한 예언 메시지
  존 넬슨 다비 지음/이종수 옮김/ 값 18,000원
78. 영광스러운 구원, 어떻게 받는가
  존 넬슨 다비 지음/이종수 엮음/ 값 13,000원

Originally published under the title of
"How are we Saved"
by John Nelson Darby
Copyright©Les Hodgett, Stem Publishing
7 Primrose Way, Cliffsend, Ramsgate, Kent, U.K.

Korean translation copyright
ⓒ 2016 by Brethren House, Korea
All rights reserved

영광스러운 구원, 어떻게 받는가
ⓒ형제들의 집 2016

초판 발행 • 2016.03.23
지은이 • 존 넬슨 다비
엮은이 • 이 종 수
발행처 • 형제들의집
판권ⓒ형제들의집 2016
등록 제 7-313호(2006.2.6)
Cell. 010-9317-9103
홈페이지 http://brethrenhouse.co.kr
카페 cafe.daum.net/BrethrenHouse
ISBN 978-89-93141-80-1 03230

＊값은 뒤표지에 있습니다.
＊잘못된 책은 바꿔드립니다.
＊서점공급처는〈생명의말씀사〉입니다. 전화(02) 3159-7979(영업부)